型破りの自治体経営

千代松大耕
CHIYOMATSU HIROYASU

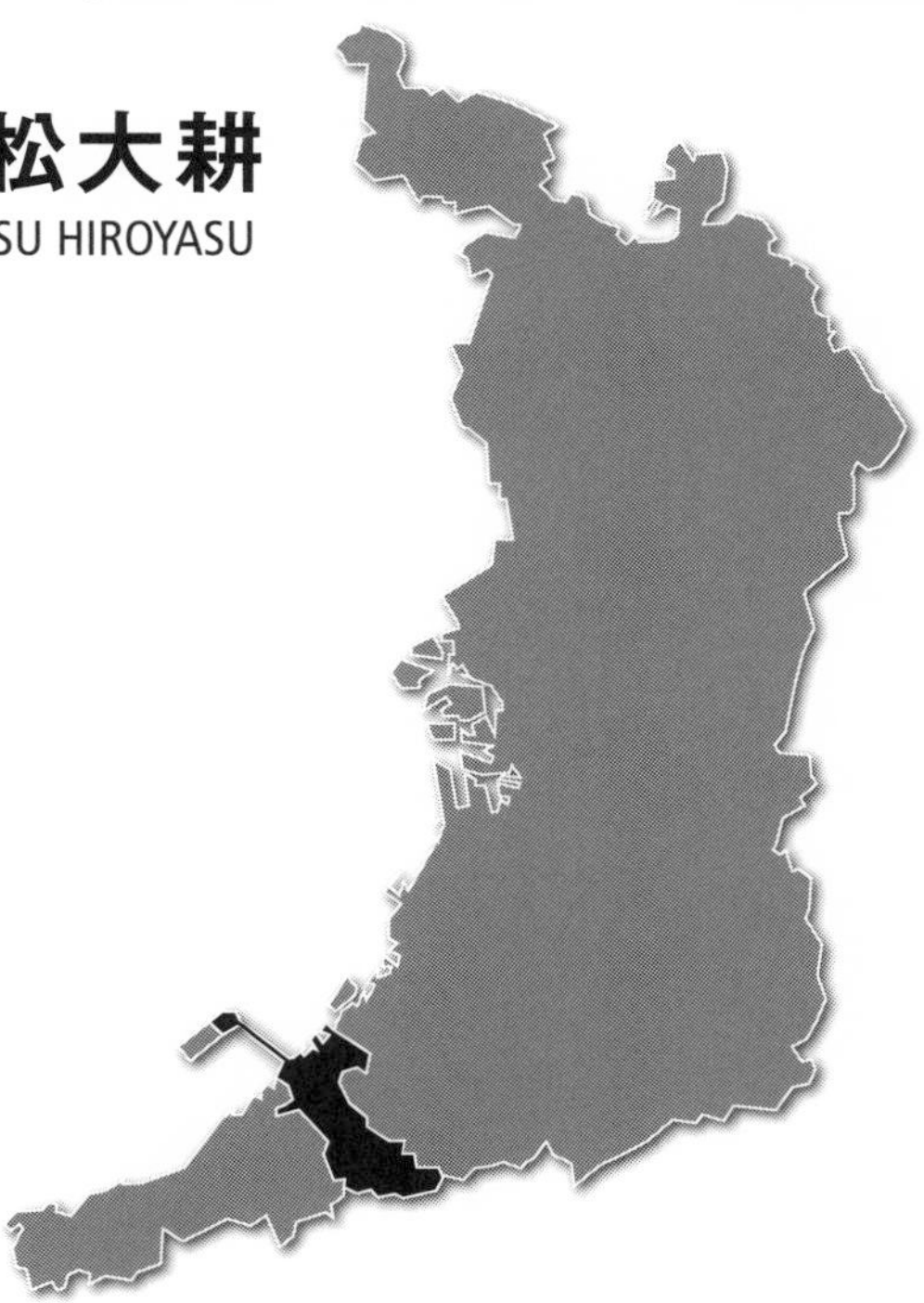

青林堂

はじめに

平成30年9月4日（火）に「台風21号」が、泉佐野市を含む泉州一円、近畿地方を襲いました。関空島で最大瞬間風速58・1mを記録した暴風によって、年間を通じて温暖な気候で、これまで大きな自然災害が少なかった泉州地域に、多数の家屋が損壊するなどの、大きな被害が生じました。泉佐野市では、全壊3軒、半壊37軒、一部損壊を含めては、約1万400件の家屋被害が出ました。

市内では電柱が各所でなぎ倒され、約7割の世帯で停電が生じました。暑さが残る中での停電で空調機器が使用できなくなり、マンションなどの集合住宅では、ポンプが停電のため作動せず、断水が生じ、市民生活に大変な不便がもたらされました。

第二室戸台風の再来と言われた「平成30年台風21号」では、応急対応や被害調査、罹災証明の発行、ブルーシートなどの災害備蓄物資の配布など、泉佐野市がこれまでに経験したことのない災害対応をおこないました。災害対策本部に寄せられる様々な市民の声に対して、迅速に応えることができず、私自身、本当に何度も心苦しく思いました。

そんなとき、全国市長会の会長で、福島県相馬市の立谷《たちや》秀清《ひできよ》市長から、「千代松くん、災害が起こってしまったのは仕方がないことだ。誰の責任でもない。行政の責任は、どれだけ住民の生活を一日も早く取り戻せるかだ」といった励ましのお電話をいただきました。東日本大震災で甚大な被害が出た相馬市の復興・復旧にあたってきた立谷市長の言葉は、とても重みがありました。

「住民生活の早期復旧」を合言葉に、災害がれきの後片付けに、泉佐野市職員が休日を返上し、一丸となって取り組みました。

職員が災害がれきの後片付けに市内を巡回する一方、町会・自治会を通じて、災害廃棄物の仮置き場を数十ヵ所定めました。市民には、自宅等で出た災害廃棄物をその「仮置き場」まで持ってきてもらうことにしました。

災害がれきの後片付け、災害廃棄物の収集に少し落ち着きを見せ始めてきた9月の中旬、仮置き場の巡回に出ていた公用車の車中で、私は、「本を買いてみたら？」と運転していた職員に声をかけました。

「前から思っていたけど、空港連絡橋利用税についての本を書いたら一冊分ぐらいの内容はあると思うけど、どう？」

運転していた職員は、空港連絡橋利用税について、検討委員会の立ち上げから条例制定、総務大臣の同意を経て、実際に徴収に至るまで、そして5年後の延長に際しても担当した部長級の職員でした。彼は定年まであと半年。少し時間でもできたら、利用税についての本を書いてみたら、と投げかけました。

後日、その職員から「市長の言葉が頭から離れません。本を書きます」とありました。定年後、本を書くために専門学校まで通って執筆した、彼の本が間もなく完成するみたいです。

私自身も、以前から、泉佐野市長に就任してからの市政における様々なエピソードを、いつかは

「本に記してみたい」という希望がありました。市長を退任して、時間が許すようになったら、本を書いてみたいと考えていました。

しかし就任してから、早いもので9年が経ち、初当選の頃の記憶も少し薄らいできているような気がしましたので、今回、『型破りの自治体経営』として書き記すことを決断しました。

もちろん、私の言葉を真に受けて、本の執筆作業に取り組んだ、元職員に触発されたわけでもありますが……（笑）。

目次

第3章 財政健全化団体脱却

第1章

泉佐野市長に就任

出迎えなしの初登庁

「ひろやす、よかったな！　ひろやす、よかったな！」

当選が確定したときに、女手一つで育ててくれた母親が喜んで、私に言葉をかけてきました。しかし「よかったな」の言葉が、なぜか空しく響きました。

「よかったの？」市長としての責任の重さ、マニフェスト実現に向けての試練、乗り越えなければならない問題の大きさで、「選挙には勝たせてもらえた。しかし、これからが本当の戦い、正念場」と、喜べない複雑な心境がありました。

「バンザイ」のとき、なかなか笑顔が出ずに、「もっと笑顔で、バンザイ、やり直してください！」の報道陣からの声に、二度、三度、やり直したのを覚えています。

前市長、新田谷修司《にったやしゅうじ》氏が大阪府議会議員へ出馬するための辞職によって、おこなわれた市長選挙は、財政破綻寸前の「財政健全化団体」であった泉佐野市の建て直しが、最大の争点でした。

大阪府議会議員選挙が、統一地方選挙の前半、平成23年4月10日（日）におこなわれ、泉佐野市長選挙は、統一地方選挙の後半、平成23年4月24日（日）におこなわれました。

泉佐野市議会議員の前職2名、元職1名、あわせて3名の候補者によって争われた市長選挙は、自由民主党推薦、公明党支持の候補者であった私が、1万7886票をいただき、無所属、共産党推薦の新人2人をおさえ、37歳で市長に初当選しました。他候補2人の票数を足しても、私の得票には届かない、市民からの大きな期待をいただいた勝利で、第19代、泉佐野市政で６人目の市長に就任しました。

○市長選挙結果
千代松　大耕（自民推薦・公明支持　新　37歳）……１万７８８６票
戸野　茂（無所属・新　57歳）……………………８５５４票
高道　一郎（共産推薦・新　52歳）………………５０４７票

私が市長選挙でうったえたことを要約すると、「さらなる市民負担を求めることなく、財政を建て直し、市長任期の４年間で財政健全化団体から脱却する。子育てや教育など、これから必要な事業はしっかり進めていく。そのための財源を今までにないやり方で確保する。そして市役所内の改革を進め、今まで誰もしてこなかった公務員改革をおこなっていく」でした。これに関しては「そんな魔法みたいなこと、本当にできるのか？」と支援者からも言われました。

なぜ、財政が危機的な状況の自治体の市長に、火中の栗を拾うような仕事に、手を挙げて、大きな選挙を戦ったのかは、後ほどお伝えしたいと思います。

多く掲げたマニフェストの項目の中で、最も注目されたのは、人件費の削減でありました。私は「市長給料の40％カット、副市長など特別職給料の30％カット、退職金制度の廃止、市役所一般職員の給料20％カット」という大胆な人件費削減を掲げて市長選挙を戦いました。

「職員給料20％カットは、労使合意がなくてもおこなうのか？」

バンザイ三唱のあと、記者からインタビューで「労使合意がなくても」といった、的を射た質問が出され、当選したばかりの私は、いきなりの洗礼を受けた気分になりました。

「労使合意できるように、最大限の力を尽くす」と留めておいたら良いものを、「市の職員団体とは協議するが、合意が得られなくても（人件費削減の）条例改正案は提案する」と正直に答えてしまいました（早速、職員団体のビラで、その新聞記事をしっかり掲載されました）。

「千代松市長……」

バンザイ三唱、花束贈呈、記者インタビューが終わり、たくさんの後援会、支援者からのお祝いの言葉と記念撮影が一段落し、にぎわいも落ち着きつつあった選挙事務所に、当時の秘書課長が、ひょっこり顔を出しました。

「市長、この度は、ご当選おめでとうございます。ところで、明日は何時ぐらいに市役所に来られますか？　幹部職員を集め、市長が初登庁するお出迎えをおこないますので、市役所に来られる時間を教えてください」と秘書課長がたずねてきました。

平成12年2月22日、新田谷市長の初登庁のとき、市議会議員だった私は、出迎える側の一人として、新市長を庁舎正面玄関にて出迎えました。同月6日に市長選挙がおこなわれ、新人の新田谷氏は、６期24年間務めた現職の向江昇氏を破り、初当選しました。その新しい任期が、選挙から16日後の22日からでした。

○歴代泉佐野市長

	氏　名	在任期間
・初代	日根　庄造	昭和23年４月１日～昭和23年７月29日
・２～６代	山本　昇平	昭和23年９月１日～昭和40年11月４日
・７～９代	熊取谷　米太郎	昭和40年12月５日～昭和51年１月25日
・10～15代	向江　昇	昭和51年２月22日～平成12年２月21日
・16～18代	新田谷　修司	平成12年２月22日～平成23年４月１日
・19～21代	千代松　大耕	平成23年４月24日～

（泉佐野市では1期を「1代」としています）

通常ですと、そのときのように、市長任期が満了する少し前に選挙がおこなわれ、市長交代があったときには、満了までの残りの期間で引き継ぎなど、事務的なことが進められます。

しかし私の場合は、市長辞職に伴う選挙でしたので、市長が不在でした。よって私は、当選と同時に就任、そして次の日から市長としての公務が始まるという慌ただしいスタートでした。

「私は10時ぐらいに市役所に行くと思います。でも誰の出迎えもいりません。もちろん課長も出迎えなくていいです」

「出迎えはいらない」。これが、市長に就任し、部下となった市役所職員に対して、初めて出した指示になりました。知事や市長などが初登庁で、大勢の職員から出迎えられ、花束をプレゼントされるシーンがテレビや新聞で報道される、ことが多くあります。おきまりの初登庁のシーンです。自治体によっては、広報誌の表紙で使われたりもします。

「給料20%カット」で乗り込んでくる市長なんて、どの職員からも歓迎されるわけがありません。また、これから厳しい給料カットを強いる部下たちに、心にもない歓迎をしてもらうのも、シラけたものを感じますし、「初登庁は出迎えなし」でスタートすることにしました。何より、大勢の出迎え、和やかな歓迎ムードによって、公務員改革に向けた私の決意が、少しでも緩んでしまうのを避けるためでもありました。

統一地方選挙でしたので、他の自治体でおこなわれた仲の良い議員の選挙の結果が気になりました。選挙事務所を閉じて、近隣の市町の選挙事務所を数ヵ所訪問してから帰宅し、2時間にも満たない程度の睡眠を取りました。

そして翌朝、駅頭での「お礼立ち」を終え、応援してくれた市議会議員さんへのお礼を済ませてから、市役所へ向かいました。選挙期間中、候補者が駅前に立って通勤客に支援のお願いをする姿は、よく見られます。一方で、選挙後に有権者へお礼を言うために、駅頭に立つ「お礼立ち」は、今でこそ、多くの政治家が選挙後に、おこなうようになりました。しかし、私が市議会議員に初当選した平成12年当時では、私以外に少なかった（もしかして私が初めて？）と思います。

選挙戦を終えて、久しぶりの泉佐野市役所は、いつもと同じ、市議会議員として通った11年間と変わらぬ雰囲気で、何の変化もありませんでした。しかし一つだけ違ったのは、正面玄関での市職員の出迎えはありませんでしたが、新聞記者が待ち構えていて、「初登庁の気分は？」などのインタビューを受けながら、そのまま市長室まで記者たちが付いて来たことです。当時の選挙管理委員会、横河信治委員長（当時）から当選証書をいただいたときに「いよいよ再建に向けた戦いが始まる」と大きな身震いがしました（初当選の、この緊張感を忘れないようにと、２期目、３期目の当選時も「幹部職員の出迎えなし」で、任期最初の登庁をしました）。

いきなり見直し？

当選の次の日から、市長としての公務がスタートする慌ただしさの中でしたが、秘書課の職員は「少しゆっくりしたらどうですか？」などの優しい言葉はかけてはくれませんでした（笑）。

次から次へと、いわゆる「市長レク」が入ってきました。他の自治体でも同様かもしれませんが、「市長レク」、「副市長レク」など、市長や特別職へ、担当職員から「レクチャー」をおこなう「レク」という言葉がよく使われます。

掘り下げて考えますと、市長へ担当職員から講義する「市長レク」との表現には、少しの違和感を覚えますが、現在も「レク」を別の言葉へ変えたわけではありません。違和感がありながらも、とりわけ変える必要もないので、そのまま使っています。

次から次へと予定に組み込まれてくる「市長レク」の中には、前市政からの引き継ぎ事項がたくさん盛り込まれていました。通常は、新市長の場合ですと、選挙が終わり、任期が始まるまで、少し日にちがありますので、市長に就任するまでに市職員から引き継ぎ事項などの説明を受けます。

前市長は、ホテルの一室を借りておこなったと聞きました。橋下徹氏が大阪府知事に当選したときは、府庁内に特別の部屋を設けてもらい、引き継ぎ事項の説明を受けたとのことでした。

私は、当選の次の日から市長任期が始まりましたので、いろいろな公務の間に、市長室で引き継ぎ事項の説明を受けました。

水道施設の老朽化問題、市営プールの老朽化問題、ゴミ焼却場の建替え、などなど……大きな財政支出の伴う案件が多くありました。もちろん市議会議員として、課題があるのは承知していましたが、担当職員からの「レク」では、どれも喫緊の課題として、早急な対応が必要だという状況を強く示されました。

「これでは、いくらお金があっても足りない……」

頭を抱えてしまいました。それでなくても「財政健全化団体」の泉佐野市を建て直しながら、選挙で掲げたマニフェストの実現に向けて財源を確保していくのに、精一杯のときに、さらに多額の財政支出が必要な課題を、矢継ぎ早に突き付けられたわけでありますから、就任早々たまったものではありません。

このような引き継ぎ事項や、各課からの「レク」では、ただ単に説明を受けるだけではなく、首長に常に求められるものがあります。首長が「レク」や説明を受けるに際しては、職員からは、説明したこと、課題となることに対して「これから、どうするかの判断」が求められてきます。

「この事業には、〇〇万円の経費がかかります。この事業を進めていいですか？」

「この事業は、財政が厳しい中、進めることは無理です。やめていいですか？」

など、その都度、様々な判断が付きまといます。

「やる」、「やらない」の判断を即決で決めるのではなく、「今はできない。課題として残しておく」という、その場では「即決しない」といった判断も、もちろんＯＫです。これは「先送り」という響きの良くない言葉になってしまいますが、もちろんその判断もあり得ます。市長就任後、受けた引き継ぎ事項の中で、大きな財政支出を伴うものは、この時、ほぼ「先送り」となりました。

多くの「レクチャー」や引き継ぎ事項の説明が終わった後に、「財政レク」がおこなわれました。当時の副市長、市長公室長、行財政管理課の財政健全化チームによる「レクチャー」が、市長就任から1週間ぐらい経過したときにおこなわれました。

当時の泉谷善吉副市長は、平成23年3月議会で副市長に再任されたばかりでした。また3月議会では、前市長が上程した泉谷副市長の選任同意に、私は議員として賛成していました。

そして新年度となって、4月1日に新田谷市長が大阪府議会議員出馬のために市長を辞職し、4月1日付けで、新しい任期が始まった泉谷副市長は、私が就任するまでの市長不在の間、市長の職務代理者を務めてくれていました。

このときの府議会議員選挙は、自由民主党現職の山下清次氏に、大阪維新の会新人で前市長の新田谷修司氏が挑むという、保守系同士による壮絶な戦いになりました。激戦の末、新田谷候補が勝利をおさめた結果になりました。

ちなみに、現在（令和2年）の大阪府選挙管理委員会の委員長は、新田谷前府議で、委員長代理は、山下元府議です。大阪府の選挙管理委員会は、府議会議員のＯＢが就任されることになっていて、委員長と委員長代理が、同じ選挙区で激しく争った二人というのは、とても珍しい組み合わせだと思います。

新田谷市政での副市長は「2人体制」で、1人は泉佐野市職員の生え抜き、1人は大阪府からの出向者でした。大阪府から出向の副市長は、平成23年3月末で任期が切れ、大阪府に帰って空席でしたので、私が就任したときは、泉佐野市職員生え抜きの泉谷副市長1人でした。

市長に就任して最初にする仕事は、副市長を選ぶこと、つまり自分の右腕になる人を選ぶことから始める、といっても過言ではありません。また市長が選挙で交代したときには、敗れた市長のもとでの副市長などは、一蓮托生で辞任するのが、この世界のしきたり?になっています。平成12年2月には、向江市長の助役（当時は副市長ではなく助役）2人、収入役、水道事業管理者が一斉に辞任しました。

しかし副市長選任に際して、私の場合は、少し違った事情がありました。財政課長、行財政改革推進担当理事、市長公室長と、財政畑の本流を歩んできた泉谷副市長は、市民サービスをバンバン切ってきた「ミスター行革」でした。その職員時代の泉谷副市長と市議会議員であった私は、本会議場や委員会室で、何度も何度も言い争っていました。泉谷副市長と私は「仲が悪い」と大方の職員は見立てていたと思います。だから千代松は、泉谷副市長を解任して、他の人を副市長に据えるだろうとも予想していたでしょう。

その期待を裏切る？かのごとく、私は泉谷副市長に続けてもらうことにしました。もちろん当選後に、泉谷副市長から「私自身、これからどう（続投か辞めるか）させていただきましょうか？」と進退伺がありました。

「私は、副市長給料（特別職給料）も30％カットを市民に約束してきました。給料の30％カットを受け入れてくれるなら、副市長を続けてお願いします」

と投げかけました。これに「ＮＯ」なら考えましたが、以外に、あっさりと「ＹＥＳ」が返ってきました。また後日、

「計算したら30％カットでは、40％カットする市長より給料が高くなってしまうので、35％カットにさせてください」

とあらためて申し出てくれました。自らの給料削減を、あっさり呑んでくれるどころか、さらに

削減を申し出てくれた、泉谷副市長に続投をお願いしました。

給料カットを受け入れてくれたこと以外にも、その時の胸の内を少し明かしますと、3月議会で、市議会議員として、泉谷副市長の選任同意に賛成しておいて、4月になって、市長に就任するやいなや、4月1日から新しい任期が始まったばかりの泉谷副市長に辞めてもらい、新しい副市長の人選をする……。議場で言い争っていた、仲が悪い、性格が合う合わない、大方の職員の見立てていたことなどの前に、「他の人選などできない」という思いが正直ありました。「副市長を選ぶこと」には、前市政からの流れが大きく絡んでいたという、少し違った事情が私にはありました。

泉佐野市の副市長は2人体制で、そのときは1人の空席がありましたので、もちろん他の人材1名を新たに副市長に選任しても良かったのですが、財政が危機的な状況の泉佐野市で、職員の給料カットだけでなく、これから職員数の削減もしていくときに、副市長を新たに据えるわけにもいかず、平成24年10月に松下義彦副市長が就任するまで、泉谷副市長の1人体制が続きました。

話を「財政レク」に戻しますが、市長室に入ってきた副市長をはじめ、財政健全化チームは、私を取り囲むようにテーブルにずらっと陣取り、これまでの「レク」とは違った緊張感の中で、「財政レク」が始まりました。

初めに、当時の財政健全化担当参事から、泉佐野市の「財政健全化計画の修正版」を手渡されました。総務省から、破綻一歩手前の「財政健全化団体」に指定されると、どのように財政を建て直していくかという「財政健全化計画」を策定し、議会の承認を得る必要があります。

北海道夕張市の財政再建準用団体転落を契機に、新たに地方自治体の財政状況を統一的な指標で明らかにする「地方公共団体の財政の健全化に関する法律」、いわゆる財政健全化法が施行され、平成20年度決算から適用されることになりました。これによって泉佐野市は、財政健全化法の新たな指標「早期健全化基準」を超え、全国でも数少ない「財政健全化団体」になっていました。

泉佐野市が策定した「財政健全化計画」は、泉佐野市議会の平成22年2月臨時議会で承認され、総務省に提出されました。そして同じ年の12月議会で一度修正されました。この「財政健全化計画」に、私がマニフェストで実現するとした事業を全ておこなったときの詳細の数値を落とし込み、また「中学校給食開始」というマニフェスト内の項目を、年度ごとに矢印などを用いて丁寧に書き込んだ、とても良く仕上がった修正版でした。

「この修正版を作成するには、時間がかかったでしょ？」

と私がたずねたら、

「はい、市長がマニフェストの配布を始めたころから作成に掛かりました」

と担当参事は答えました。

地方統一選挙の前半、大阪府議会議員の選挙期間中は、あらゆる市内の政治団体の活動が制限されました。よって私の後援会等の政治団体も、もちろん制限を受けていました。前半戦が終わった翌日4月11日（月）から、後半の市長選挙告示日の前日16日（土）までの6日間で、私の「進化するマニフェスト」を一斉に、市内全戸配布をしました。

財政健全化担当参事がいつ入手したのかはわかりませんが、私が市長に就任する前から「財政健全化計画の修正」に取り掛かっていたと聞き、思わず笑いがでました。

余談ですが、この6日間でマニフェストを全戸配布するという、選挙前のスケジュールは、私の2度目、3度目の選挙前にも同様におこないました。配布してくれるのは、後援会の各団体です。泉佐野市をいくつものブロックに分けて、それぞれのブロックを各団体で担当してくれます。

私のマニフェストは、1回目で34ページ、2回目で22ページの冊子でした。3回目こそは、「B2」サイズの紙を8つ折りにしたものでしたが、それでも、かなりの分厚さがありました。そのマニフェストをわずか6日間で市内約4万6000世帯に一斉配布するのですから、普通のビラをポスティングするのとは段違いの労力が必要です。

ある支援者は、キャリーバックにマニフェストを詰め込んで、ポスティングをしてくれたと聞きました。大変な労力を費やしてくれる後援会メンバーには、いつも心から感謝しています。

また、2度目の選挙のときは、財政を担当する行財政管理課の職員が、私がマニフェストを配り出したと聞いて、後援会事務所まで「マニフェストを30部いただけませんか」とたずねてきたそうです。市長選挙後にある6月議会の補正予算に反映させるために（笑）。

話を再度「財政レク」に戻します。マニフェストの事業を緻密に分析し、数値に落とし込んだ「財政健全化計画の修正版」を私に示してから、

「マニフェストを実施すると、これだけ支出が上振れして、計画が大きく狂います」

「人件費などの削減をしたとしても、財政健全化に要する期間が大幅に伸びます」

「泉佐野市は、財政が大変な状況です。市長のマニフェストの事業を全ておこなうのは絶対に無理です」

などなど、長々とした私への説得？が始まりました。そしてついに、

「市長のマニフェストは１期４年間では実現不可能です。せめて２期８年間での実現に見直していただけないでしょうか？　どうかマニフェストの見直しをお願いします」と。

財政健全化チームは、最初の「財政レク」で、マニフェストの実現可能性の無さを「財政健全化計画」に、詳細に数値を落とし込み、くどくどと説明をした上で、私が市長選挙で市民に示したマニフェストの見直しを求めてきました。私にとって最初となる「財政レク」で、「マニフェストの見直し」という、最大の「決断」を迫ってきたのでありました。

これに対して、私は、

「わかりました。そこまで言うならマニフェストを見直しましょう。財政破綻した北海道の夕張市さんでは、市長給料は60％カット、一般職員の給料は30％カットと聞きます。

私のマニフェストでは、市長給料は40％カット、一般職員の給料は20％カットですが、それを見直して、夕張市さんと同じ水準の市長給料の60％カット、一般職員の給料30％カットから始めさせていただきます。しかし、それ以外のことは絶対に見直しません！」

この言葉のインパクトは、私の想像以上に大きかったみたいで、その場に居合わせた職員全てが、

凍《い》てつくような顔へと強張り、何とも言えない嫌な空気が、市長室に漂いました。

財政健全化チームは、「さらに検討を加えさせていただきます」と言葉を残し、その「財政レク」はお開きになりました。

上司になる市長が、選挙に際して、有権者に示した「マニフェスト」を、またそれに基づいて選挙戦で必死にうったえてきたことを、あっさり「見直してくれ」とは。彼らからすれば、市長のマニフェストは、優先順位がそんなに高くない、軽いものなのでしょう。泉佐野市役所に蓄積されてきた公務員体質を痛感した出来事でした。

しかし、これについては、泉佐野市役所の公務員だけでなく、都道府県、市町村にとらわれず、どこの自治体の公務員でも、「政治家の公約（マニフェスト）なんて、所詮守らなくてもいいもの」と、軽く見ているところが、少なからずあると考えます。その筆頭格は、霞が関の官僚なのかもしれませんが。

ひょっとしたら政治家の中にも、そのように思っている人がいるかもしれません。「公約は膏薬《こうやく》と同じ、貼り替えれば効き目が出る」と言われた政界の元実力者がおられますが。有権者との約束（公約であったり、マニフェストであったり）を公務員たちが、政治家と一緒になって「必ず実現させるもの」と、重く見させるには、やはり政治家の本気度でしかない、私はそのように思います。

まちの活性化プロジェクトチーム

各担当からの様々な「レク」、そして引き継ぎ事項の説明を受けながらも、私が最初に手掛けたことは、「まちの活性化プロジェクトチーム」の立ち上げでした。私のマニフェストでは、「専門チームの配置による企業誘致を促進し、収入増を図ります」とし、そのために「まちの活性課」を創設します、としていました。

私が市議会議員として務めた11年間で、泉佐野市は、様々な分野で歳出削減の取り組みをしてきましたが、「歳入を増やす」ことについて、専門的に取り組んだチームがありませんでした。

企業誘致における税収増、雇用の創出における税収増を専門的に進めていくチームが、泉佐野市に必要である、またこのチームで、全国規模の大会や会議を誘致させることもマニフェストには記していました。いわゆる「ＭＩＣＥの推進」です。

人件費の減による歳出削減の一方で、歳入確保の取り組みとして、専門チームの立ち上げを進めようとしました。創設に向けて副市長に指示しましたが、このチームを編成するにも、いろいろな課題が出されました。

課題①　４月１日から新年度の体制が始まったばかりで、いきなりの人事異動は難しい

課題②「まちの活性課」という「課」を創設するには、課長、課長代理、係長、係員の最低４

名の人員が必要

課題③　企業誘致などの業務は抽象的すぎ、すぐに取り掛かれる仕事なのか。抽象的な業務に職員数を削減している中、4名も投入するのはムダである

という課題が出されたので、「すぐの創設は無理」、「年度が落ち着く、7月ぐらいまで待ってから、検討を再開する」という内容の検討結果が、副市長から返ってきました。課題①と②は、職員が考えそうな内部的な課題でしたので、あまり気には留めませんでしたが、課題③は「確かに」と思う指摘でした。

そこで、新しく創設するチームが、企業誘致に取り掛かるに際しては、当時、市が抱えていた遊休地を売却しながら、そこへ企業等を誘致していく、という具体的な業務の内容を私から出しました。とりわけ、泉佐野駅や日根野駅の周辺で、市が抱えていた土地が数か所ありましたので、それらの土地を売却できなかった問題の解決を含めて、新しいチームの日々の業務として追加する、としました。

また課題①は、人事課やその上司である総務部長に、新年度が始まったばかりで、いきなり異動させることに対しての躊躇と、引き抜く部課への気兼ねがありましたので、「異動の苦情は私が受け付ける。人選できないのなら、私に一任してほしい」としました。

そして3名の職員を私が指名し、「まちの活性化プロジェクトチーム」を立ち上げました。

これに関しては、市議会議員のときの経験が活きました。職員数が８００人程度（当時）の市役所内で、11年間、市役所の職員とは議員活動において、よく接してきました。私が接してきた職員の中から、このプロジェクトチームで頑張ってくれそうな、私なりの目ぼしを付けていた職員を、早速指名し、プロジェクトチームに配属することにしました。

課題②も職員３名のチームですから、「まちの活性課」とはせずに「プロジェクトチーム」とすることで、簡単に解決しました。「7月からの検討再開」と返ってきた答えを、５月１日付けで、つまり市長就任1週間で、「まちの活性化プロジェクトチーム」の辞令交付に漕ぎつけました。

私は、このチームと週に1回程度のミーティングを持ち、遊休土地の売却に向けた進捗状況などの報告を受けていました。また企業誘致やその他、収入増に向けての意見交換もおこないました。副市長→市長公室長→まちの活性化プロジェクトチームという一応のラインはありましたが、市長直属チームみたいなものでした。

企業誘致は、半年や1年で成就するようなものではありません。またそこから税収に反映されるには、さらに年月がかかります。そこで、即効性のある収入増に向けた取り組み、すぐにでも収入増につながる検討も開始しました。いわゆる「税外収入の確保」です。検討した結果、他の自治体で、すでに取り組まれていた「ネーミングライツ」を泉佐野市でも取り入れることになりました。

ネーミングライツは、実際に集客がある施設でないと、なかなか企業が振り向いてくれません。「京セラドーム」、「味の素スタジアム」など、プロスポーツの分野で、一定の集客が見込める施設には、企業としては高い広告料を払う価値があります。しかし人口10万人の泉佐野市の公共施設では、ネーミングライツを募集しても手を挙げてくれる企業が出てくるのか、といった懸念がありました。企業が振り向いてくれるだけの強いインパクトを持たせる必要がある、などの課題に対して、チームでさらにミーティングを重ねました。

当時、面白い取り組みとして、香川県が愛称を「うどん県」として、県のＰＲに活用していました。ミーティング中に、

「愛称の募集も面白いなあ。泉州タオル市とか良いかも」

「それなら一層のこと、市の名称をネーミングライツしてみたら？」

職員が、少し冗談を混じえて口にした言葉に、私が即座に反応し、

「それインパクト強い。それいこう！　市の命名権の募集！」

後に、世間を大きく騒がした「市の命名権」が発案された経緯です。

これを公表するまでに、チーム内では時間がかかってしまいました。「命名権を買う企業が現れたとして、実際に名称変更できるのか」、「募集要綱はどのような形式になるのか」、「名称変更までにかかる経費は」などなど、整理しなければならい課題が多く出されました。

私は、市の命名権に応募する企業が出てくるかわからない中で、詳細な取り決めを用意する必要があるのか、とメンバーに問いかけました。生じるパーセンテージが限りなく小さい事象にまで、起こった場合の対処をどうするのかと、多くの時間を費やすのは公務員の悪い習性です。

検討を重ねた結果、最終的に、企業から提案を受ける「受け身型」の募集としました。企業側から、幅広い有料広告の提案をしてもらうことで、応募企業には、公共施設や市道のネーミングライツから、庁舎内エレベーターや公用車の広告、そして市の愛称や市の名称まで、幅広く自由に提案できる企業提案型の広告募集とすることにしました。もちろん提案があっても、全て採用するわけではなく、市の選考委員会での決定、市の命名権については、最終的に、住民投票まで実施するとしました。

こうして「有料広告提案事業」は、多少の時間がかかりましたが、平成24年3月に公表し、募集に至りました。

「市の命名権を募集する」は、全国的にかなりの衝撃を与えた、ニュース性の高い話題でした。ニュースやワイドショー、新聞、スポーツ新聞、週刊誌などメディアのあらゆる媒体で大きく取り上げられました。

テレビでは、関西のローカル番組だけでなく、東京のキー局まで、泉佐野市役所へ取材に来て、全国版の番組で報道されました。かの「ハーバード白熱教室」で有名な、ハーバード大学のマイケル・サンデル教授が、東京国際フォーラムで講義をおこなったとき、この「市の命名権募集」を題材にしたぐらいです。

市議会には、事前に「ネーミングライツを有料広告提案事業として募集します。応募してくる企業には、市の名称まで提案しても構わないとしていますので、ひょっとしたら、この部分で、かなりの反響があるかもしれません」と説明していました。説明をしなかった某政党議員からは、かなり怒られましたが（笑）。

またテレビのコメンテーターからは「こんなバカな市長はみたことがない」など痛烈な批判もされましたが、一方で、「市の名前を売るぐらいまで財政が苦しい」といった報道もされ、厳しい財政状況を、あらためて全国に知らしめることができました。このことが、「空港連絡橋利用税」の導入に関係したのかはわかりませんが、「市の命名権募集」の公表から、約1か月後に、総務大臣から法定外普通税「空港連絡橋利用税」新設の同意が出ました。

結果は、「市の命名権」に応募する企業は現れませんでしたが、インパクトが強く、全国的にも注目されましたので、公共施設へのネーミングライツに応募してくれた企業は現れました。

この「有料広告提案事業」は、現在も続けています。公共施設では「エブノ泉の森ホール」「レイクアルスタープラザ・カワサキ生涯学習センター（同じく中央図書館、歴史館いずみさの、泉の森広場）」、「J：COM末広体育館」、「泉州タオル館」、市道では「りんくうプレミアム・アウトレット通り」です。

また、公用車への広告、庁舎エレベーター内への広告なども、毎年、提案をいただいています。もちろん現在も、有料広告提案事業は、「市の命名権」まで提案できることにしています。

団体交渉は公開で

「まちの活性化プロジェクトチーム」に辞令を交付した、平成23年5月まで話を戻します。泉佐野市議会では、毎年5月に役員改選、いわゆる「役選」の臨時議会が開催されます。5月に入ると、この臨時議会にあわせて、市長給料40％カット、副市長給料35％カット、教育長給料30％カット、それぞれの退職手当廃止の条例案を上程する準備を進めていました。

臨時議会で特別職の給料カットの議案が承認されたのちは、翌月開催される6月議会で、人件費削減の柱である、一般職員の給料20％カットの条例案を上程する準備も、あわせて進めていました。それには、労使合意に向けて、職員団体との交渉を5月中におこなう必要がありました。

市議会議員のとき、人件費に関する条例が上程されてくると、決まって、某政党議員は「この議案は、労使合意されているのか？」、合意がないときは「なぜ、労使合意に至らなかったのか？団体交渉の経緯は？」などなど、公の場である委員会で職員団体との「労使合意」、「団体交渉」についての質問を繰り返し、あまりにも時間を使うことに違和感を覚えていました。

時には、職員団体が発行しているビラの内容まで持ち出して、「当局は不誠実な交渉だ」などの意見を述べていました。私は、「団体交渉」や「労使合意」などを、委員会の時間を長々と費やして、行政に対して質問をするのはおかしいとの考えを持っていました。

また質問や意見の中に、「職員団体の要求」を交えて、団体交渉の延長のように、行政に対して要求する職員団体出身の某政党議員に、辟易していました。

委員会の時間を使って「団体交渉」について議論するなら、また「職員団体の要求」を委員会でするなら、「団体交渉」をオープンにして、職員団体出身以外の議員にも、交渉の内容などがわかるように、透明性を持たせるべきだ、と考えていました。

また歳出の中で、大きな割合を占める人件費が、密室の「団体交渉」で左右されるのなら、それはおかしい、といったのも持論でした。「団体交渉は公開すべき」といった考えでありました。

新田谷市長は、膠着状態が続く団体交渉の席で、

「日を変えて、泉の森ホールの舞台の上で交渉して、客席には市民を入れて、市民にどっち（市と職員団体）の主張が正しいか判断してもらおう」と職員団体に言ったことがあります。

また向江元市長も、就任当初、職員団体からの激しい要求に、

「南海泉佐野駅前にイスを並べて、そこで交渉して市民に聞いてもらおう」と職員団体に言ったことがあるそうです。

このように歴代の泉佐野市長は、公開での団体交渉を職員団体に持ちかけたことがありましたが、結局は、どちらも公開での交渉には至りませんでした。

私は、市税の多くが費やされる人件費は、そのプロセスに透明性を持たせるべき、「団体交渉は公開すべき」との考えから、平成23年5月11日に、泉佐野市職員労働組合、自治労泉佐野市職員労働組合、泉佐野市教職員組合の3つの職員団体に対して、人件費削減の柱である「職員給料20％

カット」の交渉をあわせて公開での交渉を申し入れしました。

この申し入れに、泉佐野市職員労働組合（以下：市職労）は、「交渉の公開は適切ではないが、組合が交渉に応じないなら、一方的に議案を上程されるかもしれない。市長の真意が明らかでないので、（公開での）交渉にのぞむ」と応じ、職員団体との交渉が公開でおこなわれることに決まりました。

大阪府知事であった橋下徹氏は、就任当初の組合執行部との交渉を、テレビカメラが並ぶ中での公開でおこないました。午後８時から翌朝の午前10時までかかった交渉でした。知事が直接交渉する、徹夜での交渉、公開での交渉、全て大阪府政では初めてのことでした。

平成23年５月17日（火）の午後７時から、市職労との団体交渉は、泉佐野市役所５階会議室に、マスコミ・傍聴者の約40人が入った中で、公開でおこなわれました。市長が直接交渉する、徹夜での交渉は、数多くあったみたいですが、公開での交渉は、泉佐野市政では初めてのことでした。

交渉の冒頭から市職労は、

「これまでに、24か月分の昇給延伸、給料３％カットなどを実施し、財政再建準用団体転落を回避するために、協力してきた。９か月分の復元はあったが、15か月分の復元はされていない。まずは前市長からの経過を踏まえよ」

と主張してきました。

新田谷市長が就任したときに、財政危機が発覚し、地方自治体の倒産にあたる「財政再建準用団体（当時）」への転落を回避するための人件費削減では、給料カットではなく、定期昇給の36か月延伸を、職員団体へ申し入れました。最終的には、24か月の延伸と給料３％カットになりました。その後、新田谷市長は９か月分を復元しましたが、15か月分の延伸がまだ残っていました。市職労は、この「15か月分の延伸」をまず元の状態に戻すことから始めよ、との主張でした。

これに対し、

「前市長のときから、職員の給料に昇給延伸があるのは、もちろん議員であった私も承知している。しかし私が市長に就任したからには、新たな交渉過程を組合と築いてまいりたいと考えている。財政が危機的な状況の中で、15か月分の復元は考えていない。また現在、泉佐野市は財政健全化団体で、破綻寸前である。泉佐野市の財政を建て直すために、給料20％カットの協力をお願いしたい」

市職労幹部からは、

「財政危機には、職員の責任はない。当時の執行部の責任だ。前市長もそのように言っていた。なぜ給料20％カットが必要なのか。根拠を示せ」

これに対し、

「財政危機を招いたことには、職員の責任はないかもしれないが、泉佐野市の職員として、財政を建て直していく責任は当然あると考える。破綻した夕張市職員は、給料30％カットの中、財政再生のために頑張っている。財政破綻一歩手前の泉佐野市では、職員給料20％カットの協力をいただだきたい」

といった内容のやり取りを、延々と繰り返し、最後に「20%カットの根拠がない中で、到底受け入れない」と市職労からあり、開始から3時間の午後10時に、第1回目の交渉が終わりました。

法令の条文をきちんと把握していなかったため、市職労幹部から「それぐらいはきちんと把握しておくように」と指摘され失笑を買い、また言葉につまり、交渉をしばらく中断するなどのことも多々ありました。弁護士で労働問題などに携わってきた橋下知事とは違い、私にとって初めての団体交渉は、経験不足を痛感しました。

しかし公開での交渉は、職員団体と一部の議員しか知りえなかった密室の「団体交渉」が、市民や傍聴者へ広く開かれ、公開の意義を私なりに十二分に感じました。

交渉が終わって数日後、当時の総務部長から聞きましたが、「傍聴者がいたので、今までで、一番やりにくかった」と市職労の委員長が漏らしていたそうです。

第2回目の交渉は、一週間後の5月24日（火）に設定していました。その日は市職労、そして自治労泉佐野市職員組合（以下：自治労）と2つの交渉を設けていました。もちろん、どちらも公開で。

午後7時からの市職労との交渉には、委員長が一人であらわれて「20%カットは到底受け入れられない」とだけ言い残し、すぐに退席しました。

その後におこなった自治労との公開での交渉は、約2時間で終了しました。2日後の26日（木）

に、2回目の自治労との交渉をおこないましたが、最終的に幹部から「合意は到底できない」と決裂しました。しかし「市長が責任をもって、給料20％カットの議案を議会に上程し、それが正しいと議会で判断されたときには、法律上、公務員としてはそれに従わなければならない」との言葉がありました。私には、その言葉が「市長がそこまで言うなら、合意はできないが、仕方がない。議会で承認されたら、我々も腹を括《くく》る」というように聞こえ、思わず涙が出てきたのを覚えています（自治労幹部には、そんな気は毛頭なかったかもしれませんが……）。

交渉が決裂し、市職労のビラでは、職員からの無記名による「わたしの怒りのひとこと」が毎日寄せられ、掲載されていました。

・「2割カットなら、妻に今以上にパートを増やしてもらわなければならない。もし妻が過労で病気になった場合、責任は市長が取ってくれるのか！　将来、日本一アホな市長だったと言われるだろう」

・「労使合意なしに20％カットしないでください。職員のためにものごとを考えられない市長が、どうやって市民を守るのですか？」

・「市長はもっと職員の仕事について勉強しろ！　自分一人の力で市政ができると思っているのか！　理想ばかり言わずにもっと自分の足元から見直す努力をしろ！」

・「市長の40％カットと私たちの20％カットは重みが違いますよ。絶対反対です。市長は90％くらいカットしてはいかがですか？」

・「市民であり職員です。子どもたちの将来のためにまだまだお金も要ります。もちろん子どもも市民。市民を守れない市長は要りません。職員の生活がどうなるか、本当に考えてみたらよくわかると思います。あほすぎる市長はいらない！」

「あほすぎる市長」なんて、守秘義務のある公務員が、泉佐野市の機密情報を堂々と漏らしてはダメです（苦笑）。

労使合意には至らず、職員からは、このように多くの「怒りのひとこと」がありましたが、財政健全化団体から早期に脱却するため、６月議会に「職員給料20％カット」の議案を上程し、議会の判断をあおぐ、と文書で職員団体に伝えました。

近畿市長会総会

5月に入って、当時の市長公室長から「近畿市長会総会のレク」を受けました。「第１１５回近畿市長会総会」が、5月20日（金）に、泉佐野市内のゲートタワーホテルで開催されるので、市長には開催市の市長としてのあいさつ、総会の議長などを務めていただく、といった内容のレクでした。

職員給料カットで職員団体との交渉や、臨時議会が控えている5月に、「こんな大きな仕事まであるの！」と、総会の開催を受諾し、その後に大きな仕事を残して辞めていった前市長を、このときばかりは恨みました（笑）。

近畿2府4県の市長が集まる総会には、開催市の議会議長は来賓として出席しますが、他の議員は出席しません。また広報紙などで、広く市民に周知するような催しではないため、レクを受けるまで、「近畿市長会総会」が泉佐野市内で開催されることを知りませんでした（汗）。

泉佐野市内で14年ぶりに開催された「第115回近畿市長会総会」は、19日（木）の役員会、20日（金）の総会と、2日間にわたって開催されました。総会は近畿2府4県の111市のうち、94市の市長が出席しました。

私は役員ではありませんでしたが、開催市の市長として、19日の役員会、懇親会から出席する必要がありました。ここで助かったのが、泉佐野市のお隣である泉南市の向井通彦市長（当時）が、常に私と一緒になって、「歓迎のおもてなし」に付き合ってくれたことでした。向井市長は、池田市の倉田薫市長（当時）からバトンを引き継ぎ、大阪府市長会の会長に就任されていました。

つい先日、当選したばかりの私は、お会いする全ての市長に、名刺交換をして自己紹介しなければならい新米市長でした。隣に大阪府市長会の会長となった向井市長が立ってくれていたのをとても心強く思いました。

ホテルの懇親会で同じテーブルに座った、ある市長が、翌日になって私に、「昨晩、泉佐野市の職員が給料20％カットの替え歌をスナックで歌って、千代松市長をバカにしていたよ」と伝えてくれました。その市長は懇親会の後に泉佐野市内のスナックに行かれ、泉佐野市職員が替え歌で、私を小馬鹿にしているところに出くわしたのでした。

「千代松市長、大丈夫か？」と心配を込めて、私に伝えてくれたのですが、「大丈夫です。慣れてきました」と苦笑いで返すのが精一杯でした。

総会は、りんくうゲートタワーホテル６階のＲＩＣＣホールで開催されました。現在、近畿市長会の総会は年１回の開催となりましたが、当時は春と秋の２回、開催されていました。近畿市長会では、総会から総会までの間に、初当選した市長が総会で壇上に上がり、自己紹介とまちの紹介をすることになっています。

私は、開催市代表のあいさつをしましたので、「初当選のあいさつ」はありませんでしたが、兵庫県明石市の泉房穂市長、大阪府吹田市の井上哲也市長（当時）があいさつをされたのを覚えています。また平成23年統一地方選挙の後半、同じ日に初当選した市長には、奈良県五條市の太田好紀市長、大阪府高槻市の濱田剛史市長がおられます。

総会前日に、市長公室長から「栗東市の市長が、特産品の〝へそくりパイ〟を総会で出したい、と言っていますが、どうしましょう？」とありました。特産品のＰＲに、とても熱心な市長がいるのだなあ、と思いつつ、

「出してＯＫかどうかの決定権が私にあるのですか？　それなら是非出してもらいましょう。」

と答えました。総会中には、さすがに出せなかったみたいですが、控え室には「へそくりパイ」が、しっかりおかれていました。このことがきっかけで、滋賀県栗東市の野村昌弘市長と知り合い

になり、栗東市と泉佐野市は、後に「特産品相互取扱協定」を締結する仲になりました。「市議会議員を経て市長就任」、「青年会議所出身」という共通点がありましたので、個人的にも仲良くしています。

総会では、壇上で開催市の市長として、議長を務めました。近畿圏内の市長と随行の職員、各府県市長会の職員など大勢を前にし、市長就任間もない私は、張りつめたような緊張感を味わいました。

この総会で採択されたのは、国に対して「東日本大震災の発生を受けての対策」を求める決議でした。東日本大震災による被災自治体の支援や福島第一原発事故の早期収束、東南海・南海地震についての被害想定の見直しを求めるものでした。

平成23年3月11日、市長選挙を約1か月半後に控えていたときに、東日本大震災が発生しました。報道で被災地の状況が流れるたびに、「こんな大きな規模の自然災害が泉佐野市で発生したときに、自分は市長として、市民の生命と財産を守ることが、果たしてできるのか……」と戸惑ったことを覚えています。

『がんばろう東北、がんばろう日本』

「わたしたち日本国民は、東日本大震災によって甚大な被害をもたらされた被災地の方々や復興への支援を、引き続き積極的におこなっていかなければならないと考えます。3月11日に三陸沖を震源地として発生しました東北地方太平洋沖大地震は、多くの尊い命を奪い去りました。お亡くなりになられました方々へ衷心より哀悼の意を表しますとともに、現在も厳しい環境のもとで、困難な生活を強いられておられます被災地の方々に心からお見舞いを申し上げます。

本市といたしましても、被災地への人的支援や被災者を受け入れるための市営住宅の確保を引き続きおこなってまいります。また、市内の多くの方々、各種団体のみなさまから温かい支援の志が届けられております。紙面をお借りしまして、深く感謝を申し上げますとともに、引き続いてのご協力をどうぞよろしくお願い申し上げます。

4月24日の市長選挙におきまして、1万7886票ものご信任により……」

これは、市長就任に際して、「広報いずみさの　平成23年6月号」に寄稿した、市民へのメッセージの冒頭部分です。

冒頭にあえて東日本大震災を記したのは、未曾有の大震災、福島第一原発の事故によって、国難とも言える混迷に陥っていた日本国内で、被災地の復興・復旧を支援していくことが、国民全てに課せられた責務ではないか、国民が一丸となって被災地の復興・復旧を支えていこうと、市民に強く伝えたいからでした。

その後、泉佐野市からは、復興支援として、平成24年1月から岩手県大船渡市に職員を派遣しました。当初3か月間1名、平成24年度1名、平成25年度1名、平成26年度3名、平成27年度2名、平成28年度2名、平成29年度2名、平成30年度2名です。のべ14名を派遣しました。

また福島県郡山市に1名、相馬市に1名、宮城県仙台市に3名の職員も派遣しました。「全国青年市長会」が、陸前高田市に開設した「復幸センター」にも短期間ではありますが、職員2名を派遣しました。被災地で発生した「不燃がれき」の受入れを検討した時期もありました。東日本大震災からの復興は、被災地だけの復興ではなく、日本国全体として取り組む必要がありました。それに対して、泉佐野市として何ができるのか、市長に就任してから考え続けました。

学生時代、アメリカンフットボール部に所属していた私は、大学3回生のときに、右膝の前十字靭帯を断裂しました。そのシーズンが終わり、再建手術を受けて京都の病院に入院していたときに、阪神淡路大震災が発生しました。

被災地の悲惨な状況がテレビから流れてくるのを、病院のベッドの上で見ていました。そのとき「こんな大きな自然災害は、自分が生きているうちに二度とないだろう」と思いました。それは本当に勝手な思い込みであり、また「二度とあってほしくない」という願望だったのかもしれません。

それから20年も経たないうちに、阪神淡路大震災より犠牲者数がはるかに上回った東日本大震災が発生しました。その後も全国各地で自然災害が起こり、尊い命が奪われました。東日本大震災はもとより、災害に遭い苦しむ同胞に対して、できることは協力しようと、泉佐野市は取り組んできました。

平成28年の熊本地震では、熊本県熊本市に1名の職員を半年間、熊本県宇土市に2名の職員を派遣し、その内1名は3年間に及ぶ長期派遣となりました。平成29年九州北部豪雨では、福岡県朝倉市に2名の職員を2か月間でしたが派遣しました。平成30年の西日本豪雨では、広島県東広島市に2名の職員を派遣し、その内、1名は令和2年度末まで2年半に及ぶ長期派遣になります。また高知県宿毛市にも1名の職員を9か月間派遣しました。令和元年台風19号で被害の出た、栃木県佐野市には、令和2年度に1名の職員を派遣しています。

泉佐野市に多くの被害が発生した平成30年台風21号のときは、泉佐野市がこれまで職員を派遣してきた自治体から、一早く、支援物資が届きました。電話でのお礼に、「困ったときはお互い様」と言葉を返してくれ、本当に心が救われました。災害によって結ばれた全国の自治体との絆は、これからも大切にしたいと考えています。

現在（令和2年）私たちは、「新型コロナウイルス」という目に見えない敵と戦っています。日本だけでなく世界の国々が、この敵と戦っています。「緊急事態宣言」までが発令された日本は、まさに国難と言える状況に陥ってしまいました。

しかし私が市長に就任したときも、日本は東日本大震災の発生、福島第一原発の事故で、まさしく国難でした。これを、完全にとは言い切れませんが、被災地の自治体は懸命に乗り越えようと取り組み、復旧・復興事業が大詰めを迎えています。「新型コロナウイルス」によってもたらされた困難も、必ず乗りこえることができるでしょう。みなさん、力を合わせて頑張ってまいりましょう。

そして、ここでもう一つ、書いておきたいことがあります。近畿市長会が開催された「りんくうゲートタワーホテル」は、実はこのとき、経営不振から営業権が売りに出されていて、買手がまだ決まらず、6月をもって一旦閉鎖されることになっていました。

ホテルを運営する「大阪りんくうホテル株式会社」の親会社は、「大阪府都市開発株式会社」であり、この株式会社の筆頭株主が大阪府でありました。大阪府都市開発株式会社の完全民営化に向けて、大阪府が進めた抜本的な対策は、「りんくうゲートタワーホテル」の営業権売却でした。買手は意外と早く決まり、平成23年7月12日（火）からホテルが再開され、閉鎖されていた期間は短くすみました。しかし、残念なことにコロナ禍で、令和2年9月末をもって、ホテル事業者が撤退し、再度閉鎖されることになっています。

大阪維新の会が進める「大阪都構想」で、二重行政の象徴のように扱われたのが、「りんくうゲートクワービル」と「大阪ワールドトレードセンタービルディング」の存在です。

「りんくうゲートタワービル」は、関西国際空港の補完機能として整備された「りんくうタウン」の中核施設として、大阪府主体で着工されたビルでした。

「大阪ワールドトレードセンタービルディング（通称：ＷＴＣ）」は大阪市が所有していましたが、現在は「大阪府咲洲庁舎」となっています。着工時には、高さ２５２ｍで計画されましたが、大阪府の「りんくうゲートタワービル」の高さが２５６ｍを予定していましたので、４ｍ高くして、同じ２５６ｍにしました。大阪府がそれを察知し、最終的に、りんくうゲートタワービルの高さを

２５６・１ｍにしました。大阪府と大阪市が「犬猿の仲」であった時代のエピソードです。

このことで、「りんくうゲートタワービル」は、横浜ランドマークタワー（高さ２９６・３ｍ）に次ぐ、日本第2位、西日本第1位の高さを誇るビルとして完成しました。現在は、あべのハルカス（高さ３００ｍ）、横浜ランドマークタワーに次いで日本第3位です。

あべのハルカス、りんくうゲートタワービル、ＷＴＣは現在（令和2年）、日本国内では第1位、第3位、第4位の高さを誇る超高層ビルです。大阪の人は高いところが好きなのですね（笑）。

話を戻しますが、東日本大震災の発生で、国家の行末が不透明なときに、関西国際空港の対岸、りんくうタウンを象徴する「りんくうゲートタワービル」内のホテル売却によって、以前は西日本一の高さを誇ったランドマークから灯が消えてしまうことが確実となっていました。「お先真っ暗」な状況で、千代松市政がスタートしたわけでありました。

5月臨時議会

市長として、初めての臨んだのが「平成23年5月臨時議会」でした。毎年の5月臨時議会は、市議会の役員選挙、いわゆる「役選」を中心におこなわれる議会です。しかし、私が市長として初めて臨んだ5月臨時議会には、市長給料40％カット、副市長給料35％カット、教育長給料30％カット、退職手当廃止の議案を上程しました。

この特別職の給与改正の条例案に、革新系議員が、「退職手当の廃止には賛成だが、特別職の給料カットは、一般職員の給料20％カットに連動するので反対。千代松市長は、同じ年齢（37歳）の職員と、同じ給料で生活してみろ！」と反対討論しましたが、反対は革新系議員1名のみで、賛成多数にて可決されました。当時、市長給料は、すでに10％カットを実施中でしたが、この40％カットで、77万4０００円から51万6０００円に、副市長給料は35％カットで、68万8０００円から48万1０００円に、教育長給料は30％カットで、61万4０００円から46万2０００円になりました。

それぞれの退職手当も1期4年間務めると、市長で２０６４万円、副市長で１０６５万円、教育長で６３３万円、支給されることになっていたのが「０（ゼロ）」になりました。4年間の削減額の合計は、３名の給料で約５０００万円、退職金で約３４００万円になりました。

この5月臨時議会から、泉佐野市議会における新しい試みとして「立候補所信表明」が本会議場でおこなわれるようになりました。「立候補所信表明」では、議長選挙、副議長選挙が複数名でおこなわれるときに、立候補者が、それぞれの所信を議場で表明し、それに対して議員からの質疑がおこなわれ、そして投票に入ります。

それまでは、議長辞職許可のあった後、議長選挙が実施され、すぐに投票に入り、新しい議長が選出されました。もちろん、その本会議場での投票に至るまで、数日間、場合によっては数週間の会派間の水面下の調整があって、新しい議長、副議長などが選出されます。それが「不透明」、「密室での決定」のようで、市民からすればわかりにくいので、本会議場にて明確な「所信表明」をおこない、役員選出に透明性をもたせることに決まりました。

泉佐野市議会では、議長、副議長、監査委員（議会選出）の議会三役に加え、大阪府都市競艇組合議会議員（現在：大阪府都市競艇企業団議会議員）の「四役」をめぐって、「役選」というポストの争奪戦がおこなわれてきました。

私も11年間の市議会議員時代で、議長（第65代）、副議長（第61代）、監査委員（議会選出）の三役を経験しましたので、もちろんこの熾烈な「役選」を経験してきました（笑）。

５月臨時議会は、５月の中頃から20日過ぎの後半に設定されます。私が議長に選ばれた平成20年５月臨時議会のときは、４月29日「緑の日」の前、ゴールデンウィークが始まる前に、先輩議員から「役選について、会って話がしたい」と連絡が入り、ゴールデンウィーク中に会いました。この年は「役選」に向けて、約１か月前から動きがありました。

その議員からは、「来年の議長選挙は自分が手を挙げるので、今回は自民（私の所属会派）から候補者を出してほしい。今年と来年にかけて共闘しよう」という内容でした。紆余曲折、その他の各会派との調整を経て、最終的に、私が議長選挙に名乗りを上げることになりましたが、本会議場に入る前、すでに水面下では、市議会の過半数は、私を支持してくれることに決まっていました。

議場内では、議長の辞職許可に伴う議長選挙がおこなわれ、各議員の投票、そして開票が淡々と進み、得票15票、白票４票、退席２名の結果で、私が第65代議長に選ばれました。

「お許しを得ましたので、貴重なお時間を頂戴いたしまして、議長就任にあたりましてのごあいさつをさせていただきます。このたび議会議員皆さまの温かいご推挙によりまして、議長という大役を仰せつかることになりました。大阪府では、新しい知事のもとで、ＰＴ案が出され、この泉佐野市も大きな影響を受けようといたしております。

また、連絡橋や協力金の問題、関西国際空港等の問題、医師不足による市立泉佐野病院の問題、そういった問題が多々ある中で、議長ということで、大変身の引き締まる思いでございます。

もとより浅学非才ではございますし、人生経験もまだまだ未熟ではございますが、ここにおられます議会議員の皆さまのご指導とご鞭撻、そして市長をはじめ、理事者の皆さまのご教授を賜りながら、議会議長という大役を精一杯、頑張らせていただきたいというふうに考えております。これからのご協力、ご支援をよろしくお願い申し上げまして、議長就任のごあいさつとさせていただきます。本日は本当にありがとうございました。」

このように当選の際に、本会議場でおこなった「議長就任あいさつ」も事前に用意していました（笑）。

ちなみに、あいさつ中の「新しい知事」とは、橋下徹知事（当時）のことです。橋下知事は、平成20年1月の大阪府知事選挙で当選されました。就任当初から、様々な改革を次々と打ち出され、全国的にも注目されていた時期でした。

また橋下知事は全国最年少の知事でしたが、実はこのとき、34歳の私も全国最年少の市議会議長でした。同年8月に、箕面市で全国最年少の倉田哲郎市長が就任しましたので、大阪府には、全国最年少の知事、市長、市議会議長が、同時期にいたことになります。

泉佐野市議会では、水面下での会派間の調整、熾烈なポスト争奪など、何ごともなかったかのように、本会議場では粛々と投票が進み、議長・副議長が決まっていました。

「新しく議長になった人は、議会で何がしたいのか」、「議会をまとめて、どのような議会改革をおこなっていくのか」などが無いままでした。これでは、あまりに不透明、議長選出に至るまでのプロセスがわかりにくいとの声が議会内でも出されるようになり、「立候補所信表明」が平成23年5月臨時議会から実施されることになっていました。

この年の議長選挙には、３名が立候補して、それぞれが議長に立候補した所信を表明し、そして各議員からの質疑を受けました。

「千代松市長が、６月議会に労使合意のない給料20％カットの議案を上程しようとしている。新しい議長には、このような議案を議会で受け付けてもらいたくない。○○候補は、その議案を受け付けるのか？　撤回させるのか？」

という議会改革と関係のない質疑が、職員給料カット反対の議員から出されました。同じ内容の質疑が、それぞれの立候補者に出されるたびに「それは議会改革と関係ない！」と叫びたくなりましたが、グッと我慢し続けました。

当時の泉佐野市議会は定数20名でしたが、市長選挙に出馬した無所属の議員と私の２名が議員を辞職しましたので、18名の議員による投票でした。

開票の結果、それぞれの得票数が6票ずつ、きれいに票数が3分割され、3名のくじ引きによる選出となりました。そして議長（第68代）に当選したのが、会派「維新21」の松浪武久議員（現在：大阪府議会議員）でした。

このときのように、最後の最後まで結果がわからない、しかも3名同票の議長選挙は、泉佐野市議会史上ではめずらしく、「立候補所信表明」という初めての取り組みに際しての、メモリアルになった感じがしました。

副議長には、「公明党泉佐野市会議員団」の辻中隆議員のみの立候補でした。「立候補所信表明」はおこなわれず、辻中隆議員が副議長（第69代）に選出されました。

6月補正予算のレク

平成23年3月議会で承認された「平成23年度一般会計当初予算」は、すでに大阪府議会議員選挙への出馬を表明していた新田谷市長のもとでの骨格的な予算でした。しかし、骨格的予算にもかかわらず、「赤字額が25億円」にものぼっていました。

そのような状況でしたので、3月議会では4月に就任する新しい市長に対して、「財源確保の観点から、新たな事業を実施する場合は、赤字額を増大させることなく、基金を取り崩すことなく、新市長には、予算執行の保留と予算の編成替えについての裁量を委ね、できる限り財政状況を悪化させない手段を取ることを求める」と、付帯決議が可決されていました。この付帯決議には、当時、市議会議員の私も賛成していました。

いろいろと慌ただしかった平成23年5月には、6月議会に向けての「補正予算の市長レク」もおこなわれました。「補正予算の市長レク」としていますが、これは泉佐野市役所内の言い方で、上程する補正予算案の、いわゆる「市長査定」です。

泉佐野市の「予算（当初予算、補正予算）のレク」は、副市長、市長公室長、行財政管理課の職員が、市長査定まで、その可否が残った事業項目の判断や、市長の政策的な事業項目などの最終「予算として計上するか、しないか」の判断を、私に対して求めてきます。また予算に関しては、「市長公室長レク」、「副市長レク」を経て、「市長レク」に至ります。

「補正予算レク」のメンバーは、就任一週間でおこなわれた「財政レク」で、マニフェストの見直しを求めてきた「財政健全化チーム」のメンバーでもありました。私がマニフェストに掲載した、どれだけの新規事業の規模を言い出してくるのか、彼らにとって、この「補正予算レク」は、戦々恐々とする思いがあったかもしれません。

しかし、私は3月議会の付帯決議がありましたので、6月議会で、赤字額を増大させることなく、また基金を取り崩すことなく、新たな事業を進めるには一定の目途が立たないかぎりは政策的な予算、新規事業は6月議会の補正予算では計上しないという方針を、「補正予算レク」の場で出しました。

ここで私の「一定の目途」とは、「人件費の削減」でありました。つまり、職員給料カットの目途が立たない限りは、マニフェストの事業を一切進めない、マニフェストどころか、「副市長レク」を通過し、6月議会で計上予定にしていた一般財源を伴う事業を全て凍結しました。

もちろん私は「一定の目途」を「人件費の削減」のみとしていたわけではありません。計上する予算を決定した後に、私の方から「平成23年度泉佐野市予算書」を用いて、「財政健全化チーム」を兼ねていた「補正予算レク」のメンバーを前にして、私なりの「事業仕分け」をほぼ全ての事業でおこない、「財源確保」に努めました。

骨格予算とはいえ、いきなり当初予算中の事業の見直しを始めたので、「補正予算レク」メンバーもこれには慌てました。しかし私には「予算執行の保留と予算の編成替えについての裁量を委ね」という付帯決議で託されていた根拠がありましたので、粛々と、そして淡々と、私なりの「事業仕分け」、「事業見直し」を進めていきました。

数日かけて「事業仕分け」をほぼ全事業でおこないましたが、当時の泉佐野市は、財政健全化団体であり、度重なる行革で、すでにタオルを絞り切っていたような状態であり、事業を見直すことにより、幾ばくかの財源を確保できるような項目は、なかなか見当たりませんでした。

「全国○○会」、「近畿○○会」、「○○協議会」など、各種団体への負担金の見直しが関の山でした。全市的にわたって負担金の見直しをおこないましたので、「全国市長会」の負担金、約62万円

について も、支出するメリットがあるのか、という見直しの対象にしたぐらいです。

ここで「全国青年市長会」という団体を紹介させていただきます。50歳までに当選した市長が入会する資格のある団体で、会員市相互による防災協定などを締結しています。現在、私は近畿ブロックの副会長を務めています。

平成23年４月の市長選挙では、懇意にしていた奈良県葛城市の山下和弥市長（当時）に、泉佐野市まで応援に来てもらい、金美齢さんと対談した、シンポジウム「まちづくりはひとづくり」のコーディネーターを務めてもらいました。

当選後に、早速、「全国青年市長会」への入会を誘われたのですが、「全国市長会」の負担金でさえ見直しの対象にしていましたので、とても新規の団体に入会することなどできない状況であり、お世話になった山下市長からの誘いでも、お断りするしかありませんでした。

しかし、平成24年度には何とか入会することができ、その後、全国組織のネットワークを十二分に活用させてもらい、「特産品相互取扱協定の締結」、「平成30年台風21号の災害支援」などでは、大変お世話になりました。

泉佐野市が全国展開してきた「特産品相互取扱協定」の締結先は、現在（令和２年）で44都道府県47自治体にのぼります。その中で、全国青年市長会のご縁で締結に至ったケースが、17件にもなります。

また「平成30年６月大阪北部地震」では、全国の会員市からの支援物資を一旦、泉佐野市で受け入れ、その物資を被災した大阪北部の会員市へ届けました。「平成30年9月台風21号」では、泉佐野市に大きな被害が発生し、全国の会員市からブルーシートをはじめとした支援物資を届けていただきました。

全国青年市長会の会長を務めた、長野県佐久市の柳田清二市長からは、「千代松市長が一番、全国青年市長会を有効活用している」と言われたことがありました（笑）。

このように現在は、大変お世話になっている「全国青年市長会」でさえ、市長就任当初は入会ができない事情がありました。

当選直後の議会における補正予算では、政策的な肉付けをするのが本来ですが、私は義務的な経費や、国からの交付金を原資にした大阪府の基金から全額支出される「緊急雇用創出事業」などに限ってのみ、6月議会に計上することにしました。そして職員給料カットに対しては、「人件費削減なしには、新規事業なし、新規事業どころか一般財源を伴う事業は全て凍結」という、まさに「背水の陣」で6月議会に臨んだのでした。

職員給料8～13％カット

市長選挙の日、開票作業が進む末広総合体育館で、私の当確が出たときに、「おーい、20％カットが決まったぞ！」

という声が職員から上がったと聞きました。しかし、それは私の当選と「20％カット」を茶化した調子での言葉だったみたいで、その言葉を聞いた他の職員からは、笑いさえ生じたそうです。

私が「20％カット」を、いくらマニフェストの中で掲げていたとしても、職員団体からの抵抗や議会での審査で、「到底できないだろう」、「千代松は最後にはマニフェストを見直すだろう」と、大半の職員は予測していたと思います。

しかし当選後１か月で、市長給料40％カットをはじめ、特別職の給料カットと退職手当の廃止をおこない、職員団体との交渉が決裂しても、６月議会に職員給料20％カットの上程を進める私の本気度に対し、職員の見る目も日に日に変わっていきました。階段ですれ違う私に憎悪をむき出しにする視線が注がれ、市議会議員のときは、仲の良かった職員も、接する表情がこれまでと変わり、とても強張っていたように感じました。

この本を書くきっかけになった、再任用職員は、この箇所を読んで、

「千代松市長は、私たちにとって良い人間ではない。そのことを自覚していたのですね」

と言い切りました（笑）。

副市長、総務部長、人事課長が、議案上程の最終確認のために市長室に入ってきましたが、そこでは「職員給料20％は上程します」とだけ伝えました。

議案を作成する担当職員も、自らの給料20％カットの議案なんて作成したくなかったに違いありません。たとえ、担当職員が抵抗のために議案を作成しなかったとしても、私自身が議案を作成し

て「職員給料20％カット」を上程する覚悟でいました。

そのような覚悟で臨んだ6月議会は、前半の本会議から大荒れになりました。選挙がなければ、3月議会でおこなう「施政に関する基本方針」演説を、6月議会冒頭に私がおこない、それに対して各会派からの代表質問が出されました。

職員給料カット反対の革新系議員からは「財政健全化について」の質問が出されました。その質問中に、傍聴席が騒然とした状態になり、議長が「暫時休憩」を宣言して、質問が何度も中断しました。内容は、「職員給料20％カットについて」でありました。

この革新系議員は、自分の質問のときに支援者を傍聴席に多数陣取らせ、行政の答弁に対して、傍聴席からヤジを浴びせかけるのが常套手段でした。

『泉佐野市議会五十年史』を読みますと、泉佐野市の昭和史は、新空港（現在の関西国際空港）建設とともに歩んできたものとあります。泉佐野市議会では、新空港建設に一旦は反対決議をしたものの、それを事実上、撤回するための議会が昭和56年に開かれました。その議会の傍聴券を求めて中核派の活動家たちが、前日から泉佐野市役所前に並びました。

傍聴席を全て中核派に独占させまいと、活動家とにらみ合いながら、傍聴席を求めて並んだのが、当時の泉佐野青年会議所（以下：泉佐野ＪＣ）のメンバーでした。新空港誘致に、民間団体で初めて積極的な活動を起こしたのが泉佐野ＪＣでした。

昭和56年の反対決議を撤回した議会では、活動家たちの言動のために傍聴席が騒ぎなりました。

それは撤回賛成の議員に対しての、ヤジを超えた威嚇であったそうです。このように、傍聴席からヤジが飛ぶのは、空港反対の先頭に立ってきた革新系議員の質問の時間には、よくあることでした。

平成16年6月議会で、新田谷市長が「施政に関する基本方針」を公表しました。「施政方針」に対して、その革新系議員からは「財政健全化計画の修正案について」の質問が出されていました。「財政健全化計画の修正案」では、公共施設の週二日閉館などが盛り込まれていて、市民サービスを大きくカットする案であったので、議場に詰めかけた革新系議員の支持者たちは、行政からの答弁が始まると、いつも以上に声を荒げました。

その議事を進行していたのが、前月に第61代副議長に就任したばかりの私でした。

騒然とした傍聴席に対して、「傍聴席、静粛にしてください」と何度も注意しましたが、一向に収まる気配がなく、新田谷市長の答弁中に、ヤジのボルテージがピークに達したので、ヤジの中心人物に退席を命じました。本会議場における初めての議事進行で、いきなり退席命令を出す羽目になるとは思ってもいませんでした。

平成23年6月議会で、革新系議員からの質問中に議事進行をしていたのは、前月に就任したばかりの松浪武久議長でした。このときのヤジのボルテージは、新田谷市長の平成16年6月議会のときよりもひどく、私が退席を命じたのは1名でしたが、松浪議長によって退席を命じられたのは3名（その中の1名は、私が退席させた傍聴者と同一人物）にのぼりました。前半の本会議、「施政方針」への質問から、このように大荒れとなった6月議会が始まりました。

泉佐野市では、平成22年7月より、部長級5％、課長級4％、課長代理級3％の給料カットが実施されていました。しかし、全体の45％（当時）を占めていた係長級以下のカットは見送られたままでしたので、私が市長選挙のマニフェストで、職員給料一律の20％カットを掲げたわけでありました。

係長級以下の職員はもちろんのこと、管理職も含む一般職員の給料をさらに削減することに、革新系議員や某政党議員たちは、絶対反対の立場をとっていましたが、ほとんどの議員は、財政健全化団体の泉佐野市では、さらなる職員給料カットは「やむを得ない」と、一定の理解を示してくれていました。

6月16日（木）の総務産業委員会の審査では、給料削減に一定の理解を示す議員からは、「20％カットの根拠が示されていない」、「新たな収支見通しを示してほしい」、「健全化計画の修正案を示してほしい」、「若い職員に20％カットは厳しい」などの意見が出されました。

絶対反対の議員からは、「20％カットは破産する職員が出てくる」、「職員を自殺に追い込むのか」、「権力を握ったら何をしてもいいのか」、「千代松市長はヒトラーと一緒。独裁者だ」などの言葉が出ました。

革新系議員は空港反対でならしてきた活動家であり、労働問題に関してもプロでした。その革新系議員や某政党議員からの激しい質問に対し、橋下知事のように弁が立つわけでもない私でしたが、私なりの答弁を精一杯述べて、引き下がることなく、何とか採決を迎えました。

採決では、委員９名中、委員長と反対の２名を残して、削減に一定の理解を示していた６名が退席し、委員数が半数を下回ったので採決できない状態になりました。

泉佐野市議会委員会条例の第13条では、「委員会は、委員の定数の半数以上の委員が出席しなければ会議を開くことができない」と定められています。委員９名中６名の退席により、半数以上の出席ではなくなり、会議が成立しない事態になってしまいました。

「職員給料の削減に賛同はするが、20％カットは厳しい」との理由で、６名の委員が採決に入れず、退席したのでした。

この委員会中、別室で傍聴（当時は同室傍聴は不可）していた、革新系議員の支持者が勝手に委員会室まで入ってきて、座り込みを始めました。総務部長に「警察を呼べ！」と指示したのですが、「５階（市役所５階、議会階）は議長の管理下です」とのことで、議長はこれ以上の混乱を生じさせまいと、仕方なしの審査が続きました。

他の議案を先に審査してもらい、「給料20％カット」の議案については、「採決に至らない事態を招いて大変申し訳ありません。少し時間をいただきたいので、本日は延会の手続きをお願い致します」と委員長に私から申し入れました。

「市長に議案を取り下げさすか、廃案にすべき」との反対議員からの声はありましたが、委員長の判断で採決し、賛成多数で16日の総務産業委員会は散会となりました。

議員活動では、住民や地元から要望を受けて、その実現のために行政と交渉するという仕事があります。予算の執行権がない議員が、予算を伴う住民要望を実現するためには、議会の質問で要望する、市長に要望する、という方法もありますが、日々、住民から寄せられてくる要望は、職員に直接対応してもらうケースが大半です。

それぞれの議員活動がある中で、職員に対しての給料削減という、とても重たい判断に、一定の理解を示してくれた市議会議員の意見は、やはり尊重すべきだと、つい先日まで同僚であった私は考えました。

当時、財政健全化団体であった奈良県御所市は、一般職員の給料を10％カットしていました。その御所市にならって10％カット以内なら、といった意見がありました。

国家公務員の基本給を１００とした場合に、各自治体の給料がどの水準になるのかを示す「ラスパイレス指数」という数値があります。平成22年4月1日時点で、泉佐野市は「98・1」で、大阪府内では9番目に低い水準でした。大阪府内で最低は、四條畷市の「91・5」でした。

府内で最も財政が厳しい財政健全化団体である、泉佐野市の給料が府内の他市よりも高いのは理解が得られにくい、との意見もありました。複雑な計算によって導かれるラスパイレス指数でありますが、当時の泉佐野市の場合は、単純に1％の給料をカットすれば、ラスパイレス指数は約1ポイント落ちるような状況でした。泉佐野市の職員給料を「８％カット」すれば、大阪府内で最低の給料水準になる、ということでした。

思案した結果、一律「給料の８％カット」を上乗せし、係長級以下の職員は８％カット、課長代理級の職員は３％プラス８％で11％カット、課長級の職員は４％プラス８％で12％カット、部長級の職員は５％プラス８％で13％カット、というように８～13％カットの給料削減に議案を訂正することに決めました。

「職員給料20％カット」は、私のマニフェストの中で、最も注目されたところであり、それに対しては不退転の決意をしていましたので、議案を訂正すること対して、市民の方々には大変申し訳なく思いました。

ただ、職員給料20％カットは、最終目的ではなく「さらなる市民負担を求めずに、財政を立て直していきながら、泉佐野市にとって必要な事業はおこなっていく」ための方策でしたので、「少しでも前へ進める」との思いで訂正に踏み切りました。ちなみに、市長が上程した議案を、市長から修正するときは、「訂正」の申し出をし、本会議で承認してもらう必要があります。

６月24日（金）に再度、総務産業委員会を開催してもらい、「議案を訂正したい」との申し入れを委員会へおこないました。翌週の27日（月）に、議会運営委員会で訂正の議案を上程し、その後の本会議で承認してもらい、その訂正内容を受けて、３度目の総務産業委員会が開催されました。反対議員からの執拗な質疑は、この委員会でも、もちろんありましたが、採決の結果、賛成６名、反対２名で、「職員給料８～13％カット」の議案は賛成多数となり、最終の本会議場での採決も、賛成多数で承認されました。

28日（火）最終日となる本会議で、結果的には否決となりましたが、革新系議員から松浪議長への「不信任動議」が出されました。また前日27日の総務産業委員会では、「(議長選挙の立候補所信表明のときに)本会議場で、職員給料削減の議案については、労使合意がされるものと思っている、と2度も答えておいて、労使合意されていない議案を審査するのは、公約違反で潔く議長を辞職すべきだ」と革新系議員の矛先が、松浪議長へ向きました。

この6月議会では、前半「施政方針」での退席命令(3名)や、革新系議員の委員会での発言、そして議長不信任動議提出と、最初から最後まで、松浪武久議長には大変なご迷惑をおかけしました。

また採決がおこなえない状態になった総務産業委員会で、「不慣れで申し訳ない」と言いながらも、「委員会の総意をまとめる委員長の責任がある」とし、「市長に時間を与えるべき」と判断してくれた北谷育代委員長には、混乱させてしまった委員会を最後まで取り仕切っていただき、とても感謝しています。

大方の職員が予測していたとおり、職員給料20%カットから「8~13%カット」への、マニフェストの見直しをせざるを得なかった6月議会になりました。しかし否決という結果にならず、少しでも前に進めることができた議会でもありました。

「8~13%カット」は、7月から翌年3月まで、あくまで暫定措置とし、新たな収支見通し、次のステップになる「財政健全化計画の修正」に向けて、着手したのでありました。

空港連絡橋利用税（条例可決まで）

6月議会では、職員給料削減の反対議員から、

「職員給料をカットする前に、まず国からの補填を求めよ」

といった意見が何度も出されました。「国からの補填」とは、関西国際空港への連絡橋が国有化されたことに伴う、泉佐野市の固定資産税の減収に対する「国からの補填」でした。前市政からの、泉佐野市の大きな懸案事項でした。これについて詳しく書きますと、本を一冊書けるぐらいの量になってしまうかと思います。現に、この本を書くきっかけになった泉佐野市の再任用職員が執筆中ですので、ここでは簡単にまとめて記させていただきます。

泉佐野市沖に「関西国際空港」が開港したのが1994年でした。泉佐野市沖合5kmに建設された関空と対岸の泉佐野市を結んでいるのが「関空連絡橋」です。橋長3750mで、現在（令和2年）、世界最長のトラス橋です。「連絡橋」は、もともと関西国際空港株式会社所有でありましたが、連絡橋の普通車の通行料金が1500円と、かなり高い料金でした。この高い料金を引き下げるために、平成21年に「連絡橋」を国有化し、料金を800円まで引き下げることになりました。しかし、このことによって、泉佐野市への固定資産税が入ってこなくなりました。固定資産税の額は、年間約8億円でした。

これに対して、新田谷市長は、「法定外税導入検討委員会」を立ち上げ、委員会は「連絡橋利用

税導入（法定外普通税）を図るのはやむを得ない」と結論を出しました。

法定外税とは、地方税法に定められる地方税の項目以外に、地方自治体が条例で定める税です。新設するには、総務大臣との協議、総務大臣による同意が必要です。また法定外税には、使途が定められて徴収される「目的税」、使途が定められないで徴収される「普通税」があり、連絡橋利用税は「法定外普通税」であります。

そして、平成20年8月19日開催の臨時議会で、関空連絡橋を通行する車両に対し、1台150円の「空港連絡橋利用税」を課す条例案が可決され、総務大臣の同意を得るために、総務省に協議書が提出されました。

このとき、私は市議会議長であり、臨時議会で議長席から採決をおこなう様子が全国版のニュースで報道されました。わずか一瞬でしたが、大分市で働く大学の同期から、「テレビに映っていたな」と連絡が入りました。あらためてメディアのすごさを感じました。また「空港連絡橋利用税」の検討会には、議会を代表する委員としても入っていました。

新田谷市長は、

「国は、平成19年12月に、連絡橋を国有化して通行料を引き下げる方針を出しました。通行料の引き下げには反対しませんが、泉佐野市は今後31年間で約120億円の固定資産税が入らなくなります。減収分は、市民一人当たり、年間8000円になります。

国の財政支援策を求め、平成20年1月、7月に議員有志とともに、要望しましたが、具体的な回答はありませんでした。一方、泉佐野市は、自己防衛策として法定外税の導入の検討を進めてきました。法定外税検討委員会からは、課税はやむを得ないとの報告をいただきました。

もともと関空会社が徴収していた１５００円の通行料金には、泉佐野市に支払う固定資産税分も含まれていました。引き続き、議会とともに国へは支援策を求めていきますが、支援策が得られない場合に備えて、空港連絡橋利用税の導入を図ることにします。ご理解、ご支援をお願い申し上げます」

と市民に対して、「市長通信（新田谷市長が毎週配信していました）」で説明しました。

説明の中にあった、7月18日（金）の要望では、市議会議長として、市長、そして超党派の議員団とともに、茹《う》だるような暑さの中、また徒歩移動の際に雨が降り出し、スーツがビチャビチャになる中、国土交通省（以下：国交省）、総務省、文部科学省（連絡橋とは別件で）へ要望活動をおこなったのをよく覚えています。自由民主党の松浪健四郎代議士（当時）に、大変お世話になりました。

「空港連絡橋利用税」の新設協議書を総務省に提出し、それが地方財政審議会で協議される段階になって、国交省は航空局長名で「関西国際空港2期島の前倒し竣功による税収の補填」（平成21年2月2日付）を示してきました。これは、関空2期島の未供用地約１３４ヘクタールの護岸かさ上げ工事を前倒しすることによって、土地が供用され、泉佐野市には平成23年度から約5・7億円の固定資産税が入ることとなる、それを連絡橋国有化に伴う固定資産税の補填とする、といった内容でした。

平成30年度まで、関空2期島の未供用地は竣功されない予定でしたので、それが前倒しで固定資産税が泉佐野市へ入ってくれば、減収分の補填になるとされました。

このことが示されたことにより、新田谷市長をはじめ、当時の市議会も、これは減収分の補填になると認め、平成21年3月26日（木）の泉佐野市議会、本会議で「泉佐野市関空連絡橋利用税条例を廃止する条例制定について」は、議員全員賛成で承認されました。

裏話ですが、私が市長に就任してから、りんくうゲートタワービルの保有会社の責任者が泉佐野市役所をあいさつに訪れてくれました。そのときに言われていたのが、関空連絡橋を国有化するに際して、西日本高速道路株式会社は高速道路用の照明などを取り付ける必要があり、国交省から、りんくうゲートタワービルに取り付けるためにビルの一角を占有させてほしい、と依頼に来たとのことでした。

しかし、保有会社の責任者は、泉佐野市と関空連絡橋の国有化で揉めている最中でしたので、泉佐野市との調整がつかなければ占有は許可させていただきませんと、国交省に返答したそうです。

国交省としては、りんくうゲートタワービルの一角を占有できなければ、高速道路用の照明等が取り付けできず、その点でも国有化に乱れが生じることになりました。結局、補填策を泉佐野市が認め、「空港連絡橋利用税」を廃止したことで、国交省はりんくうゲートタワービルに再度の交渉に来たそうです。

泉佐野市との調整がつきましたので、どうぞ占有させてくださいと。それについて、りんくうゲートタワービルは、泉佐野市と調整がついたのなら結構です、と占有を許可し、関空連絡橋の国有化が進んでいきました。我々も知らないところで、大きな応援団がいてくれたことを、市長に就任してから知りました。

4月9日（木）には、新田谷市長とともに、国交省へ「空港連絡橋利用税条例の廃止」の報告と、速やかに2期島護岸かさ上げ工事を進めてくれるように要望しました。鈴木前議長のときの前年1月、茹だるような暑さの7月、泉佐野市町会連合会の会長が同行した9月に続いて、新田谷市長とは4度目となる要望でした。

「これで一件落着」となるはずでしたが、それから1年4か月後、関空株式会社が前倒し工事を渋っていると新聞報道がありました。工事が遅れれば、平成23年度からの課税ができなくなり、財政健全化計画に盛り込んでいた国からの補填に大きく穴が開いてくることになります。この問題に、市議会議長として条例制定から廃止まで関わった私としましては、大人しく看過するというわけにはいかず、平成22年9月議会におきまして、会派を代表して質問をおこないました。

「8月13日（平成22年）の読売新聞の夕刊の一面に、「税バトル再燃」といった見出しで、泉佐野市と関西国際空港のことが大きく取り上げられました。内容は、連絡橋の国有化に伴う泉佐野市の固定資産税の大幅な減収に対して、関空の2期工事の未供用地の整備を前倒しして、その造成分の固定資産税収をもって補填するといった取り決めがなされていましたが、来年度の課税分が工事の遅れから入ってこなくなる可能性があるといった内容の記事であり、関空は国と泉佐野市の約束だから関係ないといったコメントをしているとのことでした。

未供用地の整備の前倒しは、泉佐野市への補填策とするために、その予算が国と府からついたわけです。それなのに、関空株式会社の経営陣が、国と泉佐野市との約束だから私どもは関係ないというのは、連絡橋を通行する車1台に対して法定外税の導入の条例を可決し、国が補填策を設けるといったところから、その条例を廃止してきた泉佐野市と泉佐野市議会のプロセスをないがしろにしているとしか言いようがなく、とてつもない憤りを感じています。

開港時から地元との共存共栄ということで、関空の駐車場を対岸の2市1町が出資した財団法人泉州都市環境創造センターが経営していました。しかし関空から、駐車場を自ら経営したいということで、この法人を解散し、その代わりに地元協力金という寄付の形で年間1億円を関空が出していた時期がありましたが、これについても平成19年度末、つまり平成20年3月末をもって、一方的に関空から打ち切ってきたことがありました。今回の件に関しては、泉佐野市としては決して譲れないといった対応策が必要です。

先日おこなわれました関西国際空港問題対策特別委員会における市側の答弁では、22年中の竣功というのは国交省が約束したことであるので、仮に22年中の竣功が難しいのであるならば、その代替案が国交省から示されるべきとのスタンスでしたが、現実問題として、年内竣功の期限まで3か月余りしかない状況の中にあっては、国交省に任せるのではなく、市としても埋め立て事業者である関空会社、あるいはＫＡＬＤ（関空用地造成会社）に対して強く申し入れをするべきではないかと考えますがいかがでしょうか？」

との私の質問に対し、答弁は、

「2期用地造成は、今年度は昨年度に引き続きまして、限定供用に合わせて予定していた用地造成事業のうち、未完成の護岸かさ上げ工事等を施工中です。この工事は、用地造成の手順上低く施工されている内部水面側護岸について、所要の護岸高を確保するとともに、荷重をかけ護岸周辺の沈下を促進させ、地盤の安定を図るために不可欠な工事と伺っています。

ご指摘の、国任せにするのではなく、市として関空会社、あるいはＫＡＬＤに対し、22年中竣功について強く申し入れをおこなうべきではないのかとの質問ですが、2期島の22年中竣工につきましては、連絡橋国有化の代替措置として、国交省から本市に対して示された案でありますから、国交省の責任において23年度課税を実現すべきものと考えています」

泉佐野市から直接、関空会社にきつく申し入れをすべきとの私の質問に対し、補填策を示したのは国交省だから、あくまで国交省の責任とすべき、という市側の答弁がありました。結局、11月になって国交省から「平成22年中の完成は困難」と通知があり、財政健全化計画に盛り込んでいた国の補塡に大きな穴が開くことになったわけであります。

関空連絡橋の国有化に端を発した、泉佐野市の固定資産税減収問題は、国交省が示した「関空2期島」の供用前倒しによる固定資産税増収という補塡が履行されない状態のまま、私が市政を引き継いだのでした。よって、職員給料削減に反対の議員からは「職員給料をカットする前に、国からの補塡を求めろ」という意見が出されたのでした。

平成23年6月議会が始まる前、6月10日（金）に国交省航空局の大臣官房参事官と課長補佐の2名が泉佐野市役所を訪れました。そのときに「空港連絡橋国有化に伴う税収減の補塡について」の具体的な回答を6月30日（木）までにいただきたい、と求めましたが、具体的な補塡策は示されず、泉佐野市にとっては2度目となる「法定外税導入検討委員会」を立ち上げるための人選を、7月に入ってから指示しました。

初回は、減収の補塡策をどのように求めるか、という議論から入った委員会でしたが、2度目は、補塡策を「空港連絡橋利用税」と決めた上で、導入に向けた検討を進める委員会でした。そして、できるだけ早い議会上程をめざしました。

平成23年8月4日（木）に、第一回「泉佐野市法定外税導入検討委員会」を開催していただきましたが、この間、7月22日（金）に、航空局の参事官と課長補佐の2名による、泉佐野市役所への2度目の訪問がありました。このとき示されたのが、後日、「国交省が偽装支援」と新聞報道された補填策でした。

それは、格安航空会社「ピーチ・アビエーション」を泉佐野市内に移転させるので、それに伴う法人市民税が20数年で約33億円税収として泉佐野市に入ってくるとの試算を示し、これを補填策として考えてほしい、といった内容でした。また、

「これには法定外税を取り下げることが条件。取り下げなかったらピーチ社移転の話はなかったことにする」

と言ってきました。私は、

「運行も始まっておらず、不確定な要素が大きすぎる。少し考えさせていただきたい」と、その場での判断を保留しました。

しかし、後でわかったことですが、翌年3月から運航開始の準備に入っていた「ピーチ社」は手狭になった、お隣の田尻町にある事務所を泉佐野市域へ移すことを、すでに自主的に決定していました。国交省の働きかけは、全く関係ありませんでした。国交省の関与によって、ピーチ社の移転があたかも実現するかのように思わせ、それを補填と考えてほしいなど、泉佐野市を欺く国交省の態度に、もう具体的な支援策など期待できない、と法定外税導入に向けて踏み切りました。

4日（木）、18日（木）の2回にわたって開催された法定外税導入検討委員会での検討結果で、前回と違った点は「一台につき往復100円」としたところでした。

平成23年9月27日（火）本会議で、「泉佐野市空港連絡橋利用税条例制定について」は賛成多数

で可決となりました。「空港連絡橋利用税」について、マスコミ数社は、なぜか「入島税」という表現を使いました。「入島税」とする表現ですと、関空島は、泉佐野市、泉南市、田尻町の2市1町に分かれていますので、泉佐野市以外の泉南市や田尻町の議会から「入島税だから、俺らも、もらえないか」という話が出ると、松浪武久議長からの指摘がありました。私が議長在職中の「空港連絡橋利用税」のときも、田尻町の議長から同じことを言われました。

泉佐野市には、市域にある空港連絡橋が国有化されたために、固定資産税を徴収できなくなった「失われた税収」の課税根拠がありました。泉南市や田尻町には、泉佐野市のような「失われた税収」はありません。「入島税」ではなく、あくまで「空港連絡橋利用税」と表現してほしいと、マスコミに依頼したのを覚えています。

マスコミの注目は、「空港連絡橋利用税」一点に集まった平成23年9月議会でしたが、この議会では、「特別職の職員で非常勤のものの報酬及び費用弁償についての条例の一部を改正する条例」、「泉佐野市職員等の旅費についての一部を改正する条例」、「泉佐野市環境美化推進条例の一部を改正する条例」、「泉佐野市自転車等の駐車秩序に関する条例の一部を改正する条例」なども可決されました。

「非常勤の特別職に関する条例」は、教育委員会、選挙管理委員会、農業委員会、都市計画審議会、介護認定審査会などの報酬及び費用弁償を全て20%カットするものでした。これに関しては、6月議会が終了してから動き出し、私自身が訪問して理解を求めた委員会と、担当部課で説明した審議会や協議会などがありました。

「私たちは報酬はいらない」

と言ってくれたのが、選挙管理委員会でしたが、ある委員会では、

「他はもっと高いのに、泉佐野市は何でこんなに安いのか。さらに安くなるのか」

と嫌味を言われました。委員会によって様々な反応でした。

「旅費についての条例」は、市長や特別職の出張の日当を「1500円」から「1000円」に、宿泊料を「1万4500円」から「1万円」に引き下げるものでした。また市長・特別職の「食卓料1500円」、職員の「食卓料1200円」を廃止する条例でした。食卓料とは、水路や航空機による出張の場合に支給される食費分です。船賃や航空賃とは別に食費がいる場合に支給されます。

それまで大阪府下で一番低かったのが、岬町の宿泊料9000円、日当2200円で、合計「1万1200円」でしたが、泉佐野市が宿泊料1万円、日当1000円になり、合計「1万1000円」で一番低くなりました。

「環境美化推進条例」は、市内に喫煙禁止区域を設け、「タバコのポイ捨て」に1000円の過料を徴収するというものでした。このころは東京都千代田区をはじめ、全国的にタバコのポイ捨てに過料を設ける自治体が増加していました。喫煙禁止区域は、南海泉佐野駅周辺、そしてJR日根野駅周辺としました。市民や利用客への啓発期間を設けましたので、実際の徴収開始は、翌年7月からになりました。

「自転車等の駐車秩序の条例」は、放置された原動機付き自転車や自転車の撤去に伴う、保管手数料の徴収額を、原動機付き自転車で「3000円」から「4000円」に、自転車で「2000円」から「2500円」に改正するものでした。市議会議員のとき、早朝から駅頭で市政報告「まちのスケッチブック」を配布していますと、自転車を駐輪場にとめず、駅周辺に迷惑駐輪する人が多く、それがとても気になっていました。

議会の質問等で、「迷惑駐輪の取り締まりを強化すべきだ」と要望しましたが、「取り締まりを強化すれば、その分の人件費等のコストが高くなる」と全くやる気のない答弁が返ってくるだけでした。

「それなら、見合う分の保管料を引き上げるように」と市長になってから指示しました。見合う分の引き上げには至りませんが、条例改正して増額しました。

「非常勤特別職の20％カット」、「旅費の見直し」など、マスコミには注目されませんでしたが、中身のある改革を着実に進めることができました。そして、公共料金や使用料などは、「さらなる市民負担」を求めない方針でしたが、「タバコのポイ捨て」や「迷惑駐輪」など、市民として「公のマナーに反する行為」には厳しい対応を取ることにしていました。

また、9月議会では、「議員報酬20％カット」の条例が可決されました。泉佐野市議会議員の報酬が「44万円」となって、大阪狭山市議会議員の報酬を下回り、大阪府内で一番低くなりました。

あわせて、職員給料のカットが始まった7月から9月までの3か月間の減額分を期末手当から差し引くことも決まりました。

この報酬カットに対し、革新系議員だけが、

「財政が厳しいから報酬を下げるのでは、生活も何もかも破壊されてしまう。歯止めがきかなくなる」

「下げ合い競争、我慢競争、感情論ではなく、冷静に議論して決めるべき」

と反対しました。

空港連絡橋利用税（条例可決から）

平成23年10月6日（木）に大阪府庁を訪問し、橋下知事に「空港連絡橋利用税条例」可決の報告をし、あわせて堺市から岬町まで、泉州9市4町の市長・町長にも同様の報告をしました。

そして、10月25日（火）に大阪第19選挙区選出、民主党の長安豊《たかし》代議士にお世話になり、民主党、総務省、国交省に要望活動をおこないました。市長就任後、初めての東京での要望活動でした。松浪武久議長をはじめ、11名の有志議員団が同行してくれました。

4月24日に就任して以来、なかなか泉佐野市を留守にできなかったわけですが、半年が経ち、市長として初めての東京出張でありました。

自公政権のとき、地元の松浪健四郎代議士には、各省の官僚に会わせてもらい、要望活動をおこないましたが、民主党政権での違いは、各省の政務官に会わせてもらい、要望活動をおこなったことでした。民主党政権では、まず党が要望を受け付けて、党から省に出ている議員（政務官）が、省ごとの要望を受け付けていく、あくまで「政治主導」を前面に出していたからだと思います。

ここから政治的な話をします。私は「政治の師匠は、松浪健四郎先生」と、いろいろな場所で公言してきました。現在、日本体育大学（以下：日体大）の理事長である松浪健四郎先生には、泉佐野市の特別顧問を務めていただき、日体大と泉佐野市の間で「スポーツ・体育に関する協定」を締結しています。毎年、泉佐野市の小学生たちが研修で、また泉佐野市の青年団がフットサルチームとの交流で、日体大を訪問しています。また日体大出身の有名アスリートの方々を講師として泉佐野市にお招きいたしました。日体大とのご縁で、市立佐野中学校では小学生たちのためのレスリング教室を開催しています。泉佐野市レスリング協会の会長は、松浪健四郎先生の長兄、松浪啓一先生です。

また先生は「日本ペンクラブ」の会員で、著書は40冊を超えていますが、最新刊の『私の肖像画いろいろありました』や観光経済新聞に連載されている「松浪健四郎モノ申す」では、泉佐野市のことを大きく取り上げてくれています。

このように、松浪健四郎先生が政治の世界を退かれてからも大変お世話になっています。松浪健四郎先生は、衆議院議員を3期務められ、政府の役職として、外務大臣政務官、文部科学副大臣を歴任されました。平成8年10月、初めて実施された小選挙区制度の第41回総選挙で、大阪第19選挙区（貝塚市・泉佐野市・泉南市・阪南市・熊取町・田尻町・岬町の4市3町）において、新進党の候補として出馬し、初当選されました。新進党から自由党、保守党と与党の国会議員になっても、最初の選挙のシコリからか、自民党の地元支部とはギクシャクした関係が続いていました。

平成12年11月、加藤の乱が起きたとき、森内閣不信任案に対して反対討論に立ち、野党のヤジに対して「コップの水をまいた」事件は有名です。保守新党の解散後、自民党に所属し、小泉総理の郵政解散・総選挙では自民党公認候補として出馬しました。ここから、自民党大阪第19選挙区支部の支部長となった松浪健四郎代議士のもとで、私は選挙区支部の青年部長を務めることになりました。

松浪健四郎代議士と同じ選挙区で激しく争っていたのが、民主党の衆議院議員、長安豊《たかし》代議士でした。もともと大阪は、自民党の強いところではありませんでしたが、大阪19区は、その中でも、とりわけ自民党が弱い選挙区です。平成8年に小選挙区制度が始まってから、8回の総選挙がおこなわれましたが、新進党、保守党、民主党（3回）、維新（3回）と小選挙区で、自民党の公認候補が勝ったことがありません（令和2年7月）。

郵政選挙で、国会議員に返り咲いた松浪代議士でしたが、その後も、自民党の支持率低下、平成19年の第一次安倍政権の参議院選挙大敗と続き、次の総選挙での危機感は、他の選挙区よりも確実にありました。平成20年9月に麻生太郎政権が発足したときに、「すぐにでも解散・総選挙か」といった解散風が一瞬だけ吹きましたので、そのときから、松浪健四郎後援会、自民党19区支部がともになり、臨戦態勢を整えていました。若手の新しい支援グループ「松浪健四郎サポーターズクラブ」も立ち上がりました。

この若手グループは、会長が貝塚市議会の田中学議員で、19選挙区では、泉佐野市議会の松浪武久議員（当時）、熊取町議会の矢野正憲議員、田尻町議会の明貝一平議員（当時）が入っており、自民党の若手議員らが中心メンバーでした。私も泉佐野ＪＣの木村和也先輩に誘われて入会しました。

また後に、大阪府議会議員になる堀口和弘さん（現在：泉南市議会議員）、泉佐野市議会議員になる大和屋貴彦さん、泉南市議会議員になる谷展和さん、千代松事務所の間陽祐くんもメンバーでした。現在は、泉南市の岩谷心さんが３代目の会長です。毎年、数回の集まりがあり、松浪健四郎先生もたまに顔を出していただけます。

結局、総選挙は平成21年８月30日まで持ち越されたわけですが、約１年間にわたって、「いつ解散があっても大丈夫」な態勢をとり続けていました。

そして、衆議院議員の任期満了を、少しだけ残して解散されましたが、このときは「政権交代」の民主党への追い風、自公政権への逆風が、嵐のように吹き荒れた選挙になりました。

参議院議員選挙は、大阪府全体が選挙区になるので、自民党大阪府支部連合会（大阪府連）が主導する大規模な選挙になります。候補者が「第19区」に入ってくるのも、選挙期間中に１日か２日ぐらいでした。７月の猛暑の中、もちろん青年局での応援などがあり、大変でしたが、大阪府連の役員でなかった私は、連日のように駆り出されたわけではありませんでした。

しかし小選挙区の選挙は、市議会議員や町議会議員の選挙ほどではないですが、緻密な戦い方も必要でした。泉州で生まれて、泉州で議員活動をしてきましたが、平成21年の総選挙では、地元ですが、生まれてからそのときまで、一度も訪れたことがなかった場所にまで、連日のように足を踏み入れました。厳しい残暑によって、日を重ねるごとに体力が奪われていきましたが、最後まで「何とか松浪健四郎を、次も国政へ」と戦い抜きました。

各支援者、各後援会、選挙区支部、大阪19区の自民党・公明党議員が束になって、「政権交代」の風に立ち向かいましたが、吹き荒れる暴風に吹き飛ばされてしまった残念な選挙結果になりました。比例復活もならず、大阪19区の衆議院議員は、民主党の長安豊《たかし》代議士一人になりました。

民主党の松本龍代議士（故人）が、平成23年６月、復興大臣就任会見の席上で「３月11日以来、私は民主も自民も公明も嫌いだ」と発言して少し話題になりましたが、私は「民主党が大嫌い」でありました。平成22年６月議会で、

「本日、第22回参議院選挙が公示されました。７月11日の投票日に向けた17日間の選挙戦がスタートしました。今回の参議院選挙は、昨年の政権交代以来、数々のマニフェスト違反や普天間問題などの迷走を繰り返してきた民主党政権への審判が大きな争点となることはいうまで

もありません。何の問題も解決できずに、混乱と混迷だけを引き起こした鳩山内閣が退陣し、6月4日に菅内閣がスタートしました。新内閣発足後によく見られるご祝儀支持率による支持率のV字回復によって参議院選挙をさっさと済ませてしまおうとする民主党の党利党略により、予算委員会も開催されずに国会が閉会されました。

また、民主党が野党時代に強行採決は国民を愚弄する行為と、鳩山（当時の）代表が強く訴えていたにもかかわらず、今国会における与党の強行採決は実に10回を超えるといったように、民主党政権による憲政史上始まって以来の強権暴挙が続いています。自由民主党の河野太郎議員に言わせれば、数がすべて、途上国の軍事政権のやり方だというようなありさまです。

菅政権のスタートに際しても、表紙を変えただけで中身は何も変わっていない、中身が変わっていないどころか、この機会に乗じて昨年の総選挙におけるマニフェストを巧妙に変えてしまうという、まさに詐欺師、ペテン師に等しい強権支配に一刻も早く多くの国民は、民主党政権から愚弄されていることに気づかなければならないと切に願うところです。

昨年の政権交代以来、政権政党としての政権担当能力の低さを露呈してきただけの8か月間でしたが、鳩山前首相から1つだけ学んだことがありました。それは、政策や発言に関しての責任感の欠如から生まれてくるのは、国民不在の混乱だけであり、まさに政治の迷走であるということです。民主党は政権交代を果たしましたが、決して責任政党、国民政党になり得たわけではなく、我が自由民主党こそ、戦後50年の長きにわたって、国民とともに歩んできた責任政党、国民政党であるということを強く再認識しました。

５月16日に泉佐野市では市議会議員選挙がおこなわれ、市民の方々から新しく選んでいただいた議員による新しい市議会がスタートしました。今回の選挙では、自由民主党から鎌野博議員が推薦候補として、また私が公認候補として出馬し、あらためて多くの市民の方々のご信任をいただき議席を頂戴することができました。引き続いて、自由民主党泉佐野市会議員団として、市民の皆様とともに責任政党として歩んでまいる所存でございますので、新田谷市長をはじめ泉佐野市職員の皆様におかれましては、今後とも、どうぞよろしくお願いを申し上げます。」

と、わざわざ前置きまでして、一般質問に入ったぐらいでした。

また政権交代があった翌朝から「自由民主党」のタスキをかけて、総選挙で途絶えていた自らの駅頭立ちを再開しました。

「お前ら、まだ生きとったんか」

と、通勤客から酷い言葉をかけられましたが……(悲)。

「こよなく自民党を愛し、民主党を憎んできた」私が、市長に就任して、地元選出の民主党、長安豊《たかし》代議士と仲良くやっていけるのか、との疑問を持った方は、当時少なくなかったと思います。

そこは当然のことながら、市長として、政治信条より、優先順位が上位にくるのは、「泉佐野市」

であり、「10万市民」であります。それは長安代議士も同様で、自民党が推薦した市長に対しても、危機的な泉佐野市のため、大きな力を貸してくれました。それが私にとっては、大きな心の支えにもなりました。

平成24年2月16日（木）総務省で、空港連絡橋利用税新設のため「地方財政審議会」が開催されました。まず国交省からの意見聴取がおこなわれ、航空ネットワーク局長、そしてピーチ社移転の「偽装支援」2名に加えて、導入に反対を表明していた関空会社の執行役員も国交省側で出席していました。

国交省の意見聴取が終わり、次は泉佐野市の意見聴取でした。泉佐野市からは、私のほか、大阪府から泉佐野市へ出向していた理事、総務部長、総務部税務課長の4名でした。いろいろと質問が出されましたが、総務部長がほぼ回答しました。

「課税客体が変わってくることに泉佐野市はどのように考えるのか？」

という鋭い質問にも、総務部長は、淡々と答え続けました。この総務部長は、私が市議会議員に初当選した平成12年に、当時の助役の問題をめぐって開かれた「百条委員会」で、人事課長代理として出席し、議会からの厳しい質問にも淡々と、そして堂々と答えていました。「さすがだ」とあらためて感心しました。

「最後に市長から何かございませんか？」

と委員からの問いかけがあり、

「これ以上、国交省に騙されるのは嫌です」

と一言だけ付け加え、地方財政審議会は閉会になりました。

ちなみに、このときの総務部税務課長が、定年退職後、現在は再任用職員ですが、この空港連絡橋の問題について、本を出そうと執筆を続けています。

地方財政審議会の意見聴取を経て、空港連絡橋利用税の新設には、総務大臣の同意か不同意かで、いよいよ大詰めになってきたわけでありました。この2月から3月にかけて、長安代議士は頻繁に連絡をしてくれ、総務省の内部の状況がどのようになっているかを正確に伝えてくれました。

この間、国交省からは、「ピーチの偽装支援」のときよりも、さらに信憑性が低くなっていた「新たな支援策」の提示がありました。とても応じられる内容ではありませんでしたが、副市長をはじめ関わっていた職員は、若干揺さぶられたみたいです。

また親しくない人から食事に誘われ、「忙しいので」と断っていましたが、青年会議所の先輩を使って強引に誘ってきましたので、しぶしぶ応じたら、会食の席で関空会社の会長が座っていました。

そして、その席で、関空会社の会長からは、和解の話を出されました。和解と言っても、結局は、「泉佐野市が我慢しろ」という代替案のないものでした。それを拒んだら、国交省OBの会長からは「国交省が本気になれば、10万人のまちなんてどうにでもなる」との恫喝がありました。

当時の大阪府政策企画部空港戦略室長は、連絡橋をめぐる問題には、かなり親身になって関わってくれました。そして何度も泉佐野市役所まで訪れてくれました。このときの室長は、同志社香里高校、同志社大学の先輩でした。

失われた税の補填という、財政の厳しい泉佐野市にとっては、その行く末が大きく左右される問題でしたので、迷わずに総務大臣の同意を待つという判断には、表現できないような重圧があり、眠れない日もありました。

しかし、最終的に「ブレる」ことなく対応できたのは、長安代議士が確かな情報を届けてくれたからでした。それがなかったら、このときも泉佐野市は騙されていたかもしれません。「民主党」が大嫌いな私でしたが、2回目の市長選挙では、「民主党からの推薦」もいただきました（笑）。

平成24年4月11日（水）、「空港連絡橋利用税」新設に、総務大臣が同意しました。同意が出てから実際に税として徴収するまで、それから約1年間かかりました。徴収義務者となる西日本高速道路株式会社との調整など、同意に至るまでと、同程度の労力が必要だったと担当者から聞きました。その苦労話は、この問題について執筆している当時の担当者の本をご覧になってください（笑）。

余談ですが、4月13日（金）に堺市から順番に、泉州の各市町へ「総務大臣の同意が出た」ことの報告にまわりました。堺市役所には、朝の就業前に到着しましたので、庁舎では堺市の職員団体がビラを配っていました。そのビラには「市長の不誠実さに異例の意見」とありました。「堺市長もいろいろと書かれているなあ」と思いながら、よくよく目を通しますと……何と！　それは泉佐野市長のことでした（驚）！

職員給料カットに対し、泉佐野市職員が求めていた「措置要求」を泉佐野市公平委員会が、平成24年4月10日（火）に棄却したことを堺市職員労働組合がビラで取り上げていました。そのビラは、記念に保管しています（笑）。

ここからは私の仮説です。新田谷市長のときに、国交省が補填策として示してきた、関空２期島の前倒し竣功は、平成24年3月末に完成しました。なぜ竣功させたかと言いますと、平成24年7月に関空と伊丹空港の経営統合が控えており、また平成26年には両空港の運営権を売却する予定でしたので、資産価値を確定させる必要があったからです。結果として、関空連絡橋の国有化の補填策とは関係なく、前倒し竣功が実現しました。

「ピーチ社移転の偽装支援」は、もともと決まっていたことを、あたかも泉佐野市への支援策と見せかけ、話を持ち掛けてきました。この「２期島の前倒し竣功」も、関空・伊丹の経営統合や運営権売却などで必要な資産の確定のために、もともと決まっていたことを、あたかも泉佐野市への支援策として見せかけてきたのではないかと考えるのです。

今となっては、「２期島の前倒し竣功」という大きな国家事業を、泉佐野市の補填策のためだけに、国交省が示したことに疑問が残ります。また関空会社が前倒しを渋っていたわりには、経営統合ですんなり竣功されたのも「経営統合のために前倒しする」のが、もともと決まっていたことと考えれば自然です。

あわせて関空会社が竣功を遅らした理由として考えられるのが、民主党への政権交代です。経営統合が表に出てきたのは、民主党政権になってからの話ですが、実は政権交代前の自公政権のときから経営統合が水面下で進められていて、政権交代が起こってしまったので、経営統合を遅らすことになった、よって前倒しの竣功も後らした、と考える方が理解できます。

平成21年2月2日に、国交省の航空局長名で「平成22年中の前倒し竣功に努める」といった公文書を出してきましたが、平成21年9月に民主党への政権交代が起こりました。実際に、関空への補給金も民主党の「事業仕分け」で削減されてしまいましたので、政権交代によって、経営統合を発表することが、国交省内で遅れてしまったと考えれば筋が通ります。

「ピーチ社移転の偽装支援」を持ち掛けられた立場だからこそ、よくよく考えたのですが、「2期島の前倒し竣功」も、もともと経営統合・運営権売却のスキームの中で決まっていたことを、あたかも泉佐野市への支援策として見せかけてきた「偽装支援」として考えた方が、その後の経営統合・運営権売却のために前倒し竣功が、すんなりおこなわれた事実からすれば、よっぽどシックリきます。現に、2期島は補填策として竣功されたわけではないので、結論的にも「見せかけの支援」になりましたが。

私の仮説は、国交省は航空局長名の公文書で「支援策」を示してきましたが、実は、「2期島の前倒し竣功は、あたかも泉佐野市への支援策に見せかけた偽装支援」であったということです。「ピーチ社移転の偽装支援」の前に、「2期島前倒し竣功の偽装支援」と2度にわたって、国交省は泉佐野市を騙しにきたのです。結局のところ、補填策は「空港連絡橋利用税」しかなかったと考えます。

これはあくまで仮説で、事実確認は全くしていません。当時の国交省の関係者、関空株式会社の関係者なら、真相は知っているはずです。いつか本当のことを教えてください（笑）。

財政健全化計画「実施プラン」

平成20年2月臨時議会で承認された泉佐野市の「財政健全化計画」は、平成21年度から平成39年度まで「19年間」をかけて、「財政健全化団体」から脱却していく計画でした。この計画は財政破綻した北海道夕張市が策定し、総務省に提出した「財政再生計画」が18年間であったことよりも、長い計画期間ということで市議会からの反発がありました。

それによって、平成22年12月議会で、平成32年度決算をもって財政健全化団体から脱却するとし、7年間の計画期間の短縮をする見直しをおこないました。「12年間」かけて、財政健全化団体から脱却するという計画期間の短縮でした。

平成23年8月に、それをさらに、平成26年度決算をもって、財政健全化団体から脱却する、6年間の計画期間短縮の見直しをおこないました。平成21年度から平成26年度、つまり「6年間」で財政健全化団体から脱却するという前倒しをおこないました。

財政健全化団体から脱却するには、4つの財政健全化指標、「実質赤字比率」、「連結実質赤字比率」、「実質公債費比率」、「将来負担比率」の全てにおいて、「早期健全化規準」を下回る必要があります。

○実質赤字比率……一般会計の1年間の赤字額／1年間の収入
○連結実質赤字比率……全会計の1年間の赤字額／1年間の収入
○実質公債費比率（3か年平均）……1年間の借金返済額／1年間の収入
○将来負担比率……将来負担する借金等の総額－基金総額／1年間の収入
＊実際には、もっと複雑な計算式です。ここでは、できるだけ簡単に計算式を表しています。

私の市長任期4年間で、財政健全化団体から脱却する計画とし、「さらなる市民負担を求めずに、財政を建て直していきながら、必要な事業は行政として責任をもって遂行していく」という、マニフェストで掲げた方向性を落とし込んだ計画の見直しでした。

この見直しには、すでに6月議会中から着手し、相当ハードな作業でありましたが、私に、いきなり「マニフェストの見直し」の要求をしてきた財政健全化チームが仕上げてくれました。

この計画を「実施プラン」と位置づけ、平成23年8月26日、泉佐野市議会の議員協議会で「泉佐野市財政健全化実施プラン（素案）」を公表しました。「実施プラン」では、平成26年度末をもって財政健全化法に基づく全ての健全化指標において健全化基準をクリアし、平成26年度の決算において財政健全化団体から脱却するものとしました。

一方で、「さらなる市民負担を求めずに、なおかつ必要な事業はおこなっていく」ということを基本とし、実施項目では、人件費の削減、法定外税の導入、遊休地の売却前倒し並びに企業誘致、を中心としました。

人件費の削減では、6月議会で暫定措置として承認された「8～13％の職員給料カット」を平成26年度末まで継続し、現給保障制度を段階的に廃止していくとしました。この人件費の削減額は13億３４００万円でした。

また法定外税は「空港連絡橋利用税」を導入するとし、13億５０００万円の収入増を盛り込みました。そして遊休地売却の前倒しによって11億９５００万円の収入を確保するとしました。

これらの実施とあわせて、市立病院の地方独立行政法人化によって、市立病院への公債費負担の見直しをおこない、実質公債費率が引き下げられることになり、その効果も含めて、平成23年度から4か年で財政健全化団体からの脱却を図りました。

これに対して、某政党議員から、

「何の努力もしていない計画。呆れ返る」

という発言が飛び出しました。某政党議員は、

「職員給料の削減をおこなわずに済むなら、12年間でも19年間でも財政健全化団体で構わない」

という主張もしてきました。

12年間、もしくは19年間の長い年月、泉佐野市は財政健全化団体にあって、その間、さらなる市民負担を強いていくのか、行政サービスを低下させていくのか、お金がないからといって行政の責任を放棄し、事業を先送りしていくのか、某政党は、職員給料カットさえおこなわなかったら、そのような「残念な市政」でも構わないとの考えをもっていたようです。また、

「市長の選挙公約であった職員給料の20%カットはどうなるのか?」

という質問がありました。見直しをした財政健全化計画「実施プラン」では、職員給料の削減は、暫定措置であった「8~13%カット」を平成26年度末まで継続するとしました。その他には、現給保障の段階的廃止がありました。

職員給料20%カットは目的ではなく、あくまで「市民負担を求めずに、財源不足を補いながら財政を建て直していく」ためのものでした。

「実施プラン」では、8~13%カットの継続で実現できる計画として、財政健全化チームが仕上げてきました。彼らにしてみれば、20%カットとはなりませんでしたが、わずか就任2か月で8~13%カットが実施された私の本気度に対し、「もうこれ以上のカットはご勘弁を」と必死になって作業にあたったのでしょう。

「為せば成る」で期間を短縮した上に、これ以上の職員給料カットを上積みしなくてすむ計画を作ってきましたので、職員給料は、「20%カット」から、実施中の「8~13%カットの継続」と縮小しました。

しかし計画を実施していく上で、実現されない項目や目標に達しない項目が出てきたときには、人件費も含めた、さらなる見直しをおこなうとしました。つまり達成されない項目が出てきたら、給料カット率に上積みする、としたのでありました。

この財政健全化計画「実施プラン」を議員協議会で示す前に、泉佐野市職員労働組合（市職労）から、７月27日付で「給与カットの中止を求める要求書」が出ました。私に対して、今までの経過を謝罪せよという要求と、給与カットの中止を求めるもので、すぐに団体交渉に応じよという要求書でした。

私は、この交渉についても「公開」での実施を求めましたが、市職労はこれを拒否しました。私は市議会議員のときから、市民の方々からいただいている大事な税金の多くが費やされている人件費については、市と職員団体が、どのような交渉をしているのか、幅広く公開にすべきであると考えており、５月の交渉時も公開でおこないました。

このとき、市職労は初回こそ、「公開での交渉」に応じたものの、２回目からは拒否しました。拒否する理由は、職員のプライバシーが交渉では出てくるので、という理由からでした。職員のプライバシーには配慮して、私からは、非公開での交渉にも応じるとしたものの、市職労は最終的に「20％カットの撤回」を求めてきて、交渉に応じませんでした。

私は、「交渉は公開ですべきもの」という立場は変えませんでしたが、このことで、交渉がおこなわれない事態は避けなければなりませんでした。そして要求書に応じた８月の交渉は「非公開」

としました。

平成23年8月11日（木）午後8時30分から市役所4階で、市職労と団体交渉をおこないました。この交渉は、「私からの謝罪」と「8％カットの中止・撤回」を求めるものでした。市職労からは、私が市長に就任してから8％カットまでの経過は「不当労働行為である」と主張してきました。

このとき、市職労は公平委員会に対して、措置要求をおこなう準備を進めていました。職員団体としての措置要求はおこなえませんが、市職労の執行部が中心になって職員に呼びかけていることが、連日、市職労のビラに書かれていました。この交渉も、措置要求のために、私の「言質を取る」という意味合いが強い感がありました。

市職労から8％カットの根拠についての質問があったときに、私は、

「大阪府下で、ラスパイレス指数で最低となる水準である」

と答えました。市職労からは、

「大阪府下で、なぜ最低水準にしなければならないのか？」

と再度あり、私は、

「泉佐野市が、大阪府内で一番財政状況が厳しい自治体だからだ」

と答えました。市職労からは、

「一番財政状況が厳しければ一番低い給与にしなければならないのか？　そんなことは法律に書かれていない」

という返しがありました。子どものような屁理屈に、私は呆れて、

「あなたたちのような職員がいるから、泉佐野市はこのような状況になってしまったのではないのか？　私はそのように思う」

と声を大にする場面すらありました。

このようなやり取りが続きますので、公開でおこなえば、市民には職員団体の主張が異様なものと聞こえ、「財政がとても厳しいまちの職員が言うことか？」との疑念すら湧き上がるに違いありません。職員のプライバシー云々の前に、市職労からすれば公開では、やはり「やり辛い」わけであります。

私は「不当労働行為ではない」、「８％カットの中止、撤回はおこなわない」と繰り返し述べ、私から「交渉の打ち切り」を言い渡し、この日の団体交渉は決裂しました。「８～13％の職員給料カット」を人件費削減の柱とした財政健全化計画「実施プラン」は、平成23年12月議会にて成案としました。また12月議会には、暫定措置であった「８～13％カット」を、平成26年度末まで３年間延長するための職員給料改正の条例案を上程しました。

12月議会を前に、11月８日（火）、10日（木）、16日（水）、17日（木）と、市職労と団体交渉をおこないました。

「独裁・横暴かさねるハシズムならぬチヨズム」

「私たちは独裁者の奉仕者ではありません」

「こんな市長の元で働いているかと思うと意欲が持てない」

「千代松の独裁・暴走市政でやる気がなくなる」

「必ず化けの皮がはがれ、誰も裸の王様を本心から支えようとはしない」

等々、このときも、市職労のビラでは、機密情報の漏洩が連日のごとくありました（苦笑）。市職労などの職員団体は、係長級以下の職員が組合員ですので、「係長級以下職員の8％カットの撤回」を求めてきました。私は17日の山場交渉に出席しましたが、あくまで「8％カットを撤回せよ」を前面に打ち出す組合の姿勢に対し、最終的に私から、「8％カットの撤回は受け入れることができない。協議を尽くしたが理解を得られず平行線のままなので、私の責任で、議会上程させていただく」と、交渉の「打ち切り」を宣言し、決裂に終わりました。

「8～13％の職員給料カット」は、市長が上程した議案を市議会が可決した、二元代表制の両方の民意による手続きを踏まえて成立したものでした。それを「まず撤回せよ」と求めてきた市職労には「民意を撤回せよ」と主張しているかのごとく聞こえ、理解に苦しみました。

12月議会でも、「関空の赤字を職員に押し付けるのか」、「労使合意がなく、本当にひどいやり方だ」と革新系議員、某政党議員からの反対の声がありましたが、採決では賛成多数で可決となりました。

市長は、市職員に対しては雇用者としての責任があります。しかし、「財政を建て直す」、「これから必要な事業は着実に進めていく」、そのために市民から「市政の執行権者として選ばれた責任」

が、当然のごとく、優先順位の上位にありました。

平成23年12月議会では、財政健全化計画「実施プラン」を成案とし、計画を進める上で、重要になってくる「8～13%カット、３年間継続」の議案を承認していただきました。

「さらなる市民負担を求めることなく、財政を建て直し、財政健全化団体から市長任期の４年間で脱却する。子育てや教育など、これから必要な事業はしっかり進めていく。そのための財源を今までにないやり方で確保する。そして市役所内の改革を進め、今まで誰もしてこなかった公務員改革をおこなっていく」。支援者からも魔法みたいだ、と言われた泉佐野市の財政建て直しに、確実な一歩を踏み出すことができました。

ここまでは、私が泉佐野市長に就任した初年度にあった出来事を中心に書いてきました。次からは、「なぜ泉佐野市の財政が厳しくなったのか」を関空開港の歴史的な経過とともに、述べてまいります。

第2章

泉佐野市長就任以前

新空港建設に至るまで

昭和23年4月1日（木）に大阪府内で、14番目の市として市制を施行した泉佐野市にとりまして「泉佐野市の昭和史」は、関西国際空港の建設とともに歩んできたと言っても過言ではありません。

昭和40年代前半から伊丹空港の騒音問題、海外旅行の自由化による将来の需要予測で、関西に新しい空港を建設する必要性が高まっていました。新空港は騒音問題などから、海上空港がのぞましいとされた中で、泉州沖も候補に上がり、泉佐野市議会では一早く反対決議がなされました。

昭和45年6月18日（木）、議員発議による「関西新空港設置反対についての決議」が賛成多数で可決となりました。発議議員を代表して反対の説明に立ったのが、後に、市長として関西新空港建設を推進することになる向江昇市議会議員（当時）でした。奇妙なめぐり合わせを感じるところであります。

昭和49年8月に航空審議会から「泉州沖が最適」との答申が出され、運輸省は5か年に渡って調査をおこないました。そして、運輸省は「空港建設計画」、「環境影響調査」、「地域整備大綱」の三点セットを提示して、予備協議に入る意向を示しました。

昭和56年3月30日（月）泉佐野市議会では、議員発議「関西新国際空港計画に関する要望決議」が採決されました。この決議は、昭和45年の新空港反対決議を撤回する決議ではありませんでしたが、内容が運輸省の予備協議に応じることを前提とした決議であり、事実上の撤回決議とされました。


「ヘルメットをかぶり、マスクやタオルで顔を隠しての反対署名の街頭における強要、これがよいと思った泉佐野市民はひとりもないと考えている」

「特定の議員を名指しして終日、同一の住宅団地を宣伝車で中傷しながら回り続ける」

「空港決議を提案し、あるいは賛同した議員が名指しのポスターでさらし者にされる」

討論に立った議員の言葉から、当時の空港闘争の凄まじさが伝わってきます。

傍聴席は騒然となり、貝戸貞次議長（故人）から警察官の出動が求められました。私や松浪武久議長のときとは、比較にならないぐらいの厳戒態勢が敷かれた本会議場でした。記名投票の結果は、賛成17票、反対11票で、決議は可決されました。６票差というきわどい結果でありました。

昭和57年「市報いずみさの　３月号」では、「空港が立地しないとした場合、長期的には赤字額が拡大し、現在よりもさらに厳しい財政事情が予想されるが、空港関連収支においてケースによって違いはあるものの、空港立地に伴う地域整備が進めば、これによる税収増加のため、黒字額の拡大または赤字額の縮小方向をとり、さらに空港本体からの税収を加味すると財政事情はむしろ好転する」と、都市経営コンサルタントの調査結果が発表されました。

昭和58年12月22日（木）、泉佐野市議会では「関西国際空港建設及び地域整備促進に関する要望決議」が記名投票の結果、賛成多数で可決となりました。これは、新空港の建設を促進する決議であり、泉佐野市議会が初めて建設促進を明確に表したものになりました。

このとき、提案者の説明に立たれたのが、松浪啓一市議会議員（当時）でした。後に大阪府議会議員を3期務められ、現在は公益社団法人泉佐野市シルバー人材センターの理事長を務められています。松浪武久府議のお父さんで、松浪健四郎理事長の長兄です。

以前、松浪武久府議に、

「松浪家で、選挙を何回しましたか？」

と質問し、武久府議と一緒に、過去から数えたことがありました。祖父の松浪庄造氏（元泉佐野市議会議員）、父の松浪啓一氏（元泉佐野市議会議員、元大阪府議会議員）、叔父の松浪健四郎氏（元衆議院議員）、従兄弟の松浪健太氏（元衆議院議員、現大阪府議会議員）、そして松浪武久氏（元泉佐野市議会議員、現大阪府議会議員）と、なんと、その数は30回を超えていました（驚）！

話を戻し、昭和59年6月議会では、3期目の当選をされた向江昇市長が、施政に関する基本方針で、「関西国際空港建設という激動のなかで、来るべき21世紀を展望しつつ、緑豊かで、調和のとれた国際都市の建設をめざし、最大の努力を傾けてまいりたい」と述べました。また、この議会で上程されていた「空港建設を前提とした総合計画の基本構想」が、賛成多数で可決となりました。これによって、泉佐野市が空港建設に対する意思を定め、空港建設へ舵を大きく切ることになりました。

昭和61年11月28日（金）の臨時議会では、「関西国際空港」と「りんくうタウン」の建設工事・造成工事に着手するための「公有水面埋め立て」の同意に関する採決がおこなわれました。記名投票の結果、賛成19票、反対８票で、「公有水面の埋め立て」に関しては、同意することに決定されました。

そして、いよいよ「関西国際空港」の建設工事、「りんくうタウン」の造成工事、また泉佐野市内では「空港関連事業」の工事が始まることになり、平成６年９月４日（日）の関空開港を迎えるのですが、この本では、工事の内容や過程についてまでは、膨大な量になりますので触れないでおきます。ただ一つだけ、面白い点がありました。

ここまで『泉佐野市議会五十年史』を参照して書きましたが、この中で、平成３年12月議会に、新田谷修司市議会議員（当時）が、

「空港に行くための唯一の交通手段である連絡橋に料金を徴収するとは理不尽」

と質問していました。途中で拳を下ろしましたが、通行料金に上乗せする「空港連絡橋利用税」の導入を進めた新田谷前市長の質問にしては、目に留まるところがありました（笑）。

泉佐野市の財政状況が「なぜ悪くなったのか」と、講演をする機会がこれまで何度かありました。そのときは、できるだけわかりやすく伝えるための表現を用いるようにと、心がけています。まず、

「人口10万人の泉佐野市には、身の丈に合わない、過ぎたるものが三つあります。さあ、その３つは何でしょう？」

と来場された人たちに質問を出します。

私が出す答えは「りんくうゲートタワービル」、「市立泉佐野病院」、「総合文化センター」の三つ

としています。

泉佐野市は関空開港に向けて、大きな事業を三つ進めました。下水道事業、市立病院移転、総合文化センター建設、の三つです。次からは、この三つの事業について説明していきます。

日本で3番目に高いビル

関西国際空港の補完機能として、大阪府が整備した「りんくうタウン」は、平成8年に「まちびらき」をしました。この「りんくうタウン」には、バブル期の計画によって、りんくうゲートタワービルが「ゲート」を模した、ツインビルで建設される予定でした。しかし、バブルが崩壊した後に計画が変更され、北側1本のみの建設になりました。

それでも当時は、西日本一の高さ（256・1m）を誇る超高層ビルの建設でした。現在（令和2年）は、大阪市内にある「あべのハルカス（高さ300m）」、横浜市にある「ランドマークタワー（高さ296・3m）」に次いで、日本で3番目に高いビルです。泉佐野市にとって「過ぎたるもの」の一つであります。

「りんくうゲートタワービル」は平成24年12月に、香港に拠点を置く「S・iSインターナショナル・ホールディングス」グループの特定目的会社が、約30億円で買収しました。現在は、「S・iSりんくうタワー」と名称が変更されています。

現在、このビルでは、「こてっちゃん」で有名なエスフーズのグループ会社が「スターゲイトホテル関西エアポート」として、ホテル経営をしています（令和2年7月）が、残念ながらコロナ禍によって、令和2年9月末をもっての撤退が発表されました。元日産CEOのカルロス・ゴーン氏は、令和元年12月29日（日）に、関空からレバノンに向けて密出国しましたが、その前に滞在していたのが「スターゲイトホテル」でした。

りんくうタウンの造成工事に伴い、泉佐野市では、雨水の下水道整備を進める必要が出てきました。東は和泉山脈から、西は大阪湾に面して、「ウナギの寝床」と呼ばれるように、泉州地域の自治体は並んでいます。泉佐野市も東側から西側に向けては傾斜が下っており、上流の東側から下流の西側へ、そして大阪湾へ、川が流れています。

そのような地形のもと、臨海部に、地盤高3・6～3・8mになる「りんくうタウン」の埋立てが決まりましたので、市域沿岸部の各所において、大雨のときに雨水が大阪湾に流れず溢れ、浸水被害がさらに生じる恐れが出てきました。スムーズに、また強制的に雨水を湾へ流し込むため、下水道（雨水管）の整備やポンプ場の整備が必要となりました。

このため、泉佐野市は、昭和62年度から下水道事業に着手しました。他の都市と比べれば、とても遅れた事業開始でした。空港関連事業として、りんくうタウンの造成をはじめとする社会資本整備が進む中、早急な下水道整備事業が展開されました。関空島の建設が進むとともに、下水道工事が市内で多くおこなわれました。

ちなみに、りんくうタウンの中央ポンプ場は、大阪府が建設したものが泉佐野市へ移管されました。平成19年に完成した北ポンプ場は、泉佐野市が建設したものです。また空港連絡道の下には、縦3・7m×横3・7mの巨大な雨水幹線が2本入っています。

平成7年度に、事業計画区域内における主要な雨水の幹線整備は、ほぼ完成しました。その段階から、下水道事業の中心が汚水整備に移りました。汚水整備は、雨水と同じく、空港関連事業として昭和62年から着手されました。こちらの幹線整備も、事業計画区域内では、ほぼ完成しています。平成3年に、最終処理場である中部処理場へ接続が完了し、この年から年2％の人口普及率の伸びを整備の目標として事業が進められました。

しかし、下水道事業会計の経営は悪化の一途をたどり、平成12年度に累積赤字が約25億円となって、「下水道事業経営健全化計画」を策定して総務省に提出しました。そして、平成13年度から、人口普及率年2％の伸びを、0・5％に縮小せざるを得ない状況になりました。年間の事業費も、半分以下に減額となりました。

平成16年度に、累積赤字が約38億円のピークになりましたが、それ以降は単年度の黒字化によって、徐々に累積赤字を減らしてきました。計画では、平成20年度までを年0・5％として、北ポンプ場完成後の平成21年度から、年1％に上げていました。実際に平成21年度、22年度は事業費が増えました。

しかし、リーマンショック後の使用料収入の減少や一般会計からの繰入の削減などで、平成23年度に「経営健全化計画」を変更して、再度年0・5%に落としました。

昭和62年度から始まった泉佐野市の下水道事業は、他市と比べてかなり遅い事業着手でした。また下水道会計の経営悪化といった理由により、泉佐野市の下水道（汚水）の普及は、現在もなお難航しています。泉佐野市の令和2年3月末の下水道（汚水）人口普及率は、40・8%で、大阪府下でワースト2位です。

昭和63年、実家の前の道路で、下水道工事がおこなわれると聞いて、私の母は、

「もうすぐ、この辺りも下水（汚水）が通るで」

と喜んでいましたが、それは雨水管の工事であって、私の実家は令和2年現在も、未だに簡易水洗で、汚水管にはつながっていません（笑）。ちなみに30年以上の時を経て、令和3年度に、実家の前の道路で汚水管工事の予定が入っています。

市議会議員のとき、汚水整備がされていない地域の市民から、

「大阪市に住んでいる孫が、家に来たときに、ポットン便所が怖くてトイレに行けない」

と苦情を受けたことがありました。また、敷地内に息子夫婦の家を新築する際、生活排水を水路に流すことで、ご近所の了解を得られないといった「隣近所のイザコザ」の相談を受けたこともありました。下水管さえ通っていれば、起こらない「イザコザ」でした。

市議会議員に初当選したばかりの平成12年に、下水道の職員から、

「汚水の普及率が50%になるのは、50年後（令和32年）ぐらい」

と言われたのを覚えています。厳しい下水道会計のもと、年0・5％の進捗という、少ない事業量ではありましたが、人口密集地、世帯数の多い集合住宅などを優先的に幹線へ接続してきました。また民間事業者が、幹線の近くを開発したときは、幹線までの汚水管を事業者負担で埋設してもらい接続しました。

その結果、令和元年度末で、ようやく40・8％になりました。令和2年度からは、進捗を年1％に上げ、汚水整備の事業を進めます。令和11年度に、50％に到達する目標としていますので、20年前に下水道職員から言われた「50％は50年後」からすれば、20年間は短縮できることになります。

泉佐野市は、日本で3番目に高い「りんくうゲートタワービル」が建設された、りんくうタウンの造成に伴って、遅れていた下水道事業に着手することになりました。関西国際空港の補完機能としての「りんくうタウン」整備に伴う下水道事業に、泉佐野市は、約３００億円を費やしました。

全国ランキング第1位の病院

関西国際空港の開港に向けて、関空で航空の大事故等が発生したときに多数のけが人を収容するため、また得体の知れない感染症を水際で防止するための高度な医療機関が必要となりました。このために、当時、市街地にあり、老朽化していた「市立泉佐野病院」をりんくうタウンに移転することになりました。古い市立病院は、入院したら生きて帰って来ることができない、「市民（しみん）病院」ならぬ「死人（しにん）病院」と揶揄されたぐらいのオンボロ病院でした。

それが、「日経トレンディ」の平成16年11月号掲載の「居心地のいい病院ランキング」では、近畿エリアで第４位、４００床以下の病院では、全国ランキング第１位になる病院に生まれ変わったのです。

また病院内にある「感染症センター」は、関西空港検疫所で診断された２類感染症患者の入院治療をおこなうほか、わが国では、ほとんど経験のない１類感染症や未知の感染症である新感染症についても、入院治療可能な西日本で唯一の「特定感染症指定医療機関」としての設備を備えています。

この「感染症センター」の運営経費に充てるための特別交付税が、令和元年12月に減額されました。新型コロナウイルス感染拡大を防ぐための対応が求められている中での減額でした。

ふるさと納税に端を発した総務大臣の恣意的な権限濫用に、泉佐野市は、やむを得ず、致し方なく、令和２年４月臨時議会で「特別交付税交付額の決定取消請求事件の訴えの提起について」を上程し、これが全会一致で承認されました。そして令和２年６月８日（月）に大阪地方裁判所に総務大臣を提訴しました。

また、平成19年ごろ、大阪大学の医局から、市立泉佐野病院とお隣の市立貝塚病院に、産婦人科の医師をそれぞれ派遣するのは無理なので、産科・婦人科と分けて、それぞれが受け持つなら医師派遣を続けると、要請がありました。

新田谷市長と貝塚市の吉道勇市長（当時）の協議により、市立泉佐野病院には、「産科・小児科」を担当する「泉州広域母子医療センター（周産期センター）」が設置されることになりました。現在、ここのセンター長は、TVドラマと漫画「コウノドリ」の主人公のモデルとなった荻田和秀先生です。

平成23年4月1日（金）に、市立泉佐野病院は、「地方独立行政法人りんくう総合医療センター」に移行しました。地方独立行政法人とは、「住民生活や地域社会において、確実に必要な施策ではあるが、必ずしも行政が直接実施せずともよく、しかし民間に委ねた場合は、実施されない恐れがあるものを、効率的、効果的に運営していくことを目的として地方自治体が設立する法人」のことです。

地方独立行政法人の病院運営における最大のメリットは、職員を非公務員型にすることによって、経営形態に柔軟性を持たせ、医師確保、看護師確保に臨機応変な対応がとれることにあると言われています。また民間病院では実施されない不採算な部門の医療も維持していくとされていました。

新田谷市長の最後の公務が、地方独立行政法人化（以下：独法化）した病院のテープカットと、初めての理事会で策定された運営計画書の承認になりました。統一地方選挙の前半戦は、4月1日（金）が告示でしたが、病院に関しての手続きを全て終えてから、大阪府議会議員に出馬されました。

市長就任後の「財政健全化団体」から、任期4年で脱却する計画の見直しに、大きく功を奏したのが「病院の独法化」でした。独法化に際して、市立病院を黒字化する必要がありましたので、泉佐野市が第三セクター等改革推進債を活用し、43億5000万円を用立てて、市立病院へ出資金として拠出しました。この出資金から、泉佐野市が以前に市立病院に貸し付けていた長期債務の約20億8000万円をまず返済してもらいました。そして、残りの22億7000万円を、5年間かけて取り崩し、病院経営に充てることにしました。5年以降は、独法化によるプラスの効果のもとで、その後の経営安定を図るとしました。

そのお金のやり繰りで、泉佐野市からの年間の運営負担金を約14億円から約8億円へ圧縮しました。総務省との協議で、この圧縮分と同じ割合を、これまで繰り出していた市立病院の起債償還額を圧縮できることになりました。よって、泉佐野市の実質公債費比率の分子である「1年間の借金返済額」に、市立病院の起債償還額を全てではなく、圧縮した額だけ加えることになりました。そのことが分子を縮小させることになり、ひいては「実質公債費比率の引き下げ」につながりました。かなりマニアックな話になりましたが、財政健全化計画の見直しには、このような作業もありました。

そして、平成25年4月1日（月）からは隣接していた「大阪府立泉州救命救急センター」の移管を「りんくう総合医療センター」が受けました。3月29日（金）に、大阪府立泉州救命救急センターの引継式がおこなわれ、りんくう総合医療センターの出資者である泉佐野市を代表して出席しました。

独法化後、2年が経過しており、りんくう総合医療センクーの経営が芳しくなく、年間約6〜7億円もの繰り入れが必要な救命救急センターを引き受けて「大丈夫か？」という心配の声が議会からも上がりました。

しかしながら、りんくう総合医療センターと泉州救命救急センターの一体的な運営によって、相互の医療機能が向上し、泉州南地域に、より安心で安全な地域医療を提供できるとの判断による統合でした。金銭面での安定には効果がなかなか出ていませんが、3次救急と2次救急の一体的な運営は、安心で安全な医療に大きなプラスをもたらしていると考えます。泉州救命救急センターとの統合により、「週刊ダイヤモンド」平成25年10月26日号掲載の「頼れる病院ランキング」では大阪府内で第10位に入りました。

現在、感染症センター、泉州広域母子医療センター、泉州救命救急センターを有する、「りんくう総合医療センター」は、泉佐野市のみならず、泉州南地域の中核病院としての高度医療を備えています。また関空で大きな事故が発生したときの災害病院、感染症を水際で防止する、重要な役割を担っています。これだけ過ぎたる病院を人口10万人の泉佐野市だけで維持していくのかと、議会で議論になったことは、これまで幾度となくありました。

関空開港による、りんくう総合医療センター（旧市立泉佐野病院）の建設・移転に、泉佐野市は、約300億円を費やしました。

国際都市にふさわしい文化施設

関西国際空港の開港を控え、国際都市にふさわしい文化施設を建設する計画がありました。それは、文化会館、中央図書館、中央公民館、郷土資料館の４施設からなる複合施設です。第３次泉佐野市総合計画の中では、「世界の迎都」をまちの将来像として掲げました。世界各国から多くの人々が、泉佐野市に訪れるようになるので、国際都市にふさわしい文化施設が必要になる、ということでした。

平成5年に着工された「総合文化センター」は、平成8年5月18日（土）にオープンしました。「泉の森ホール（文化会館）」、「中央図書館」、「生涯学習センター（中央公民館）」、「歴史館いずみさの（郷土資料館）」で構成され、関西国際空港のあるまちにふさわしい、世界に開かれた芸術・文化の発信拠点として華々しくオープンしました。

例えば、泉の森ホールの「大ホール」は、当時、日本初となる「迫り型音響反射板」を組み込むなど最新技術が駆使されていました。モンゴル国を代表する歌手であり、俳優のドグミド・ソソルバラム氏が、コンサートの下見で大ホールを訪れたとき、あまりにも素晴らしい音響なので、思わずアカペラで熱唱されたぐらいです。

また、「ＮＨＫのど自慢」や「新・ＢＳ日本のうた」など、ＮＨＫの公開番組は、音響設備が充実している、泉の森ホールに順番がよくまわってきます。ＮＨＫの公開番組では、観覧に応募して当選されたファンの方々が、全国各地から泉佐野市に来られるので、まちのPRに、とても良い機会となっています。

泉佐野市は、この総合文化センターの建設に約３００億円を費やしました。その建設費のほとんどは、借金（約２３０億円）で、返済期間は20年間でした。華美な施設の建設は、国や大阪府も空港関連事業としては、さすがに否定的で、ほとんど補助金がつかない事業でしたが、借金は裏技とも言える返済方法になっていました。最初は金利だけを支払い、その後も２％の元金のみ。これが10年間続き、残りの10年間で全てを返済する。後年度になればなるほど、返済額が大きくなる返済方法でした。

この「総合文化センター」の起債残高が、私が市長に就任した時点でも、かなり重くのしかかっていました。平成27年度で起債残高は、まだ１４２億円もありました。平成８年にオープンした施設の元金が半分以上も残っており、この後、12年間で起債残高１４２億円プラスその利息を払い続けなければなりませんでした。最高で約18億円の元利償還額になる年がありました。

平成27年12月議会に、「総合文化センター」の４施設（泉の森ホール、中央図書館、生涯学習センター、歴史館いずみさの）と駐車場を「セントラルコンパス株式会社」に売却するという「財産処分」の議案を上程しました。セントラルコンパス株式会社は、現在の三菱ＵＦＪリースグループ「ＭＵＬプロパティ株式会社」です。売却金額は、１３６億８３６０万円でした。

総合文化センター４施設と駐車場を売却後、泉佐野市が借り上げるための、約7億３０００万円の年間リース料等については、一般会計補正予算における債務負担行為で計上しました。いわゆる「セール・アンド・リースバック方式（以下：S&LB方式）」の導入でした。神戸市や広島市の公的機関などで先進事例がありました。

これは泉佐野市が「総合文化センター」を起債残高に近い額で一旦売却し、リース料を支払って、「総合文化センター」を25年間借り上げていくというスキームでした。

残りの年数では、約13億〜18億円の水準で、起債償還額が推移していくことになっていました。S&LB方式での年間賃料は、約7億3000万円でした。起債償還額と年間賃料を比較しますと、平成28年度からの10年間では、差額で約88億円のキャッシュフローが生み出されることになりました。

これを導入した目的は、財政に余力をもたせ、地方創生に向けての施策など、当面のまちづくりの課題に柔軟に対応していくことにありました。また平成28年度、平成29年度の2か年で、122億円相当の総合文化センターの借金を一括返済しましたので、実質公債費比率が大幅に下がりました。あわせて起債制限比率も引き下がり、財政運営の改善にもつながりました。

S&LB方式の導入については、平成22年の財政健全化計画策定時に、法で義務づけられた個別外部監査において、監査人から提言された事項でした。これにより、総合文化センターは民間所有となりましたが、それを泉佐野市が25年間のリース契約をしましたので、市民の利用には何の変化も生じていません。

また、施設の耐用年数に応じた起債償還に、現在の制度はなっておらず、返済期間の後年度に負担が極度に偏る償還方法になっていましたので、S&LB方式を導入したことにより、施設を使用する市民の世代間の負担と受益のバランスを適正化することができました。

「起債残高と売却額の差額は、市のさらなる負担になる」、「総合文化センターの起債償還は、12年後に終了する。25年のリースは、借金の先送りではないか」という批判が革新系議員、某政党議員からありましたが、行政マネジメントの観点からは、負担の平準化をおこないながら、泉佐野市の新たな賑わいを創出し、さらなる活性化に取り組んでいく、確かな財源を生み出すことができたと考えます。

泉佐野市は、S&LB方式導入以降に、「全日本少年少女合唱祭泉佐野大会」、「全国高等学校ギター・マンドリン音楽コンクール」、「第69回全国漁港漁場大会」、「第59回全日本花いっぱい泉佐野大会」といった全国規模の大会を「泉の森ホール」に誘致して開催しました。このように、活用の幅がさらに大きくなったのも、財政に余力を持たせることができたからでした。

ちなみに、S&LB方式以前は、文化会館には「エブノ泉の森ホール」、生涯学習センター、中央図書館、歴史館には「レイクアルスタープラザ・カワサキ」のネーミングライツを採用していました。S&LB方式で所有者が民間に移っても、ネーミングライツは継続し、泉佐野市の収入となっています。

関空開港をきっかけに、国際都市にふさわしい文化施設として建設された「総合文化センター」

に、泉佐野市は、約３００億円を費やしました。

これまで述べてきたように、遅れていた下水道事業に約３００億円、市立泉佐野病院の移転・建設に約３００億円、総合文化センターの建設に約３００億円、合計約９００億円の事業を、人口10万人の泉佐野市が一気に進めました。

これが大きな要因となって、泉佐野市の財政は急激に傾いていくのでした。この財政悪化を、どのようにして建て直す努力をしてきたのか、私が市長に就任する以前の取り組み、つまり新田谷市政における行財政改革を中心に、次から述べてまいります。

財政再建準用団体転落の危機

平成12年2月22日に、新田谷修司市長が就任し、初の3月議会では、4月から6月までの最低経費のみの暫定予算を計上するに留めました。

そして、本格的な予算を審査する平成12年6月議会冒頭の「施政に関する基本方針」で、

「……財政再建準用団体転落の危機に直面し、非常事態下にある本市財政の自主再建を図るべく、本年度は行財政改革推進計画に基づき、歳出内容や事務事業の抜本的な見直しと効率的な行政運営に努め、行財政システム全般にわたる構造改革を進めてまいります。また、既存の

行政施策や事務事業について、市民の視点、客観的な視点から評価、見直しを行うため、行政評価システムや財務会計システムの導入について検討を行うなど、行財政の適正化と効率化を図ってまいりたいと考えています。……

……本市の財政状況は、空港関連税収を基盤として、平成2年度以降黒字を維持してきたところでありますが、バブル経済崩壊後も依然として回復の兆しの見えない戦後最大ともいわれる不況の影響によるりんくうタウンの成熟の遅れ、また、減税や固定資産評価に係る税制改正の影響などによって、市税収入は期待していたほどには伸びず、逆に平成9年度をピークとして減少しており、後年度の税収を頼りに莫大な借り入れを行い、積極的に事業を拡大してきた財政運営に大きく修正をかける必要が生じてきております。平成11年度の普通会計の決算見込では、財源調整として可能な基金をほぼ全額取り崩したとしても約5億円の赤字となる厳しい見込であります。

今後の収支見通しにつきましても、人件費の比率が高く、公債費や他会計への繰出金など、義務的経費が増嵩する中で、景気の低迷による歳入の減少から、毎年40億円前後の財源不足を抱えることとなり、市の行財政運営が国の監督下に置かれる財政再建準用団体に陥る危機に直面しており、人件費や使用料等を含め、徹底した事業の見直しを行わなければ手遅れとなる逼迫した状況にあります……」

と危機的な財政状況をうったえました。

平成になってからの泉佐野市の市税収入は、平成元度が約１１９億円でしたが、平成11年度には約２１４億円と、約１００億円の税収が増加しました。一方で、一般会計における起債残高は、平成元年が約１５８億円でしたが、平成11年度には約７７７億円まで増大していました。

平成６年９月４日（日）に、関西国際空港が開港し、泉佐野市の税収は空港関連税収によって、かなりの増収となりましたが、一方で、空港開港に合わせた都市基盤整備、市立病院の建替え、総合文化センターの建設などを進めたために、借金総額は、３倍以上に膨れ上がっていました。大阪府下の「他の自治体平均」の約２・８倍にもなりました。

バブル期に計画された当初の見込みでは、「りんくうタウン」に多くの企業が進出し、それこそ、ニューヨークの摩天楼のような都市ができ上がるとされていました。大阪府の策定した税収予測では、さらに１００億円多い、年間３００億円を超える市税収になると見込まれていました。この税収増をもって、空港関連整備事業の借金返済に充て込むとしていました。

しかしながら、バブル経済が崩壊し、りんくうタウンに企業が進出せず、当初の計画は崩壊してしまったわけであります。空港関連税収の予測が大きく乖離したことによって、新田谷市長就任直後から「財政再建準用団体」転落の危機と言われるようになりました。

「財政再建準用団体」は、市町村で標準財政規模（税収＋普通交付税）の20％を超える赤字額を出した自治体が適用となりました。「財政再建計画」を策定して総務大臣に提出するのですが、いわゆる「地方自治体の倒産」にあたり、国の管轄下のもとで再建計画を進めることになるのでした。

現在は法律が廃止され、新しい法律のもとでは、地方自治体の倒産は、「財政再生団体」と変わりました。全国では、北海道夕張市だけが「財政再生団体」であります。平成12年では、福岡県赤池町が全国で唯一の「財政再建準用団体」でした。この「財政再建準用団体」に、泉佐野市の財政規模では、40億円を超える赤字が出たら転落するとされていました。

泉佐野市は、平成12年5月に「行財政改革推進計画・実施計画」を策定し、それに基づいて、平成12年12月議会では、上下水道使用料、幼稚園保育料、市営駐輪場料金、市税の前納報奨金の改定などが上程されました。大阪府下で低い水準にあった使用料などの値上げでした。しかし上水道使用料の改定以外は、全て否決となりました。

現職市長を相手に、新人が真っ向から勝負を挑んだ市長選挙は、泉佐野市を二分する激しい戦いでした。市長選挙の結果は、わずか５００票差で、新人の新田谷候補が勝利しましたが、市議会では、多数の新市長反対派が待ち構えていました。

当時の泉佐野市議会は、定数24名でした。その中で、新田谷市長支持派は、私が所属していた「自由民主党泉佐野市会議員団」の4名と「市民ネットワーク」の2名、計6名だけでした。

それでなくても、なかなか賛同を得にくい料金値上げの議案で、さらに、議会において、市長反対派が多数を占めていた状態では、「議案の否決」が、この議会以降も繰り返されました。

「上水道」だけは、大阪府の「府営水」値上げという仕方のない理由がありましたので、支持派

6名と保守系議員1名、そして日本共産党5名が賛成しました。これにより賛成12名、反対11名で、可決となりました。

当時の「日本共産党泉佐野市会議員団」は、通常選挙で4名当選、補欠選挙で1名当選、合計5名の最大会派でした。新田谷市政以前では、日本共産党議員団と新田谷議員（当時）所属の自民党議員団とは、反「向江市政」という共通点から、同調する場面が多々あったと聞きました。そのような日本共産党議員団に、府営水値上げというやむを得ない理由があるので、賛同してくれるようにお願いに行ったのでしょう。

しかし、後日、新田谷市長反対派が「日本共産党が水道料金の値上げに賛成！」と全戸にビラを配布しましたので、それ以降は、日本共産党議員団も態度が硬化しました。

平成13年12月に「行財政改革推進計画・第2次実施計画」が策定され、あわせて平成13年12月議会では、下水道使用料、幼稚園保育料、市営駐輪場料金、市税の前納報奨金、文化会館使用料の改定などが上程されました。

私は、「受益者負担」をキーワードにして、市民に料金値上げを次のように説明しました。

「一部の公共サービスを、全て税で負担してサービスを維持するのではなく、受益する人が相応の料金負担をして、これからはサービスが維持されるべき」

「財政再建準用団体転落を回避するためには、受益者負担の観点でサービスを維持していく、そのためには料金改定が必要、財政再建準用団体に転落してしまえば、さらなる料金改定が強いられる」

と、料金値上げの議案に賛成するのは、とても心苦しいところでしたが、何とか財政を建て直したいとの思いがありました。

結局、この議会でも、市税の前納報奨金の縮小以外は、全て「否決」となりました。このように、新田谷市長1期目の前半は、財政が危機的な状況にもかかわらず、議会の勢力図によって、思うように改革が進まなかった2年間でした。

私は市議会議員初当選から一貫して、新田谷市長支持派でしたが、一度だけ議案に反対しました。それは、平成12年9月議会の一般会計補正予算でした。

「今回の議案第71号、一般会計補正予算（第1号）総務委員会に付託されました補正に対して、千代松大耕個人として反対の立場から意見を申し上げます。2月22日に新田谷市長が就任されてから7か月が経とうとしています。この間、財政難、財政再建準用団体転落の危機という言葉が何度飛び交ったことでしょうか。今、泉佐野市は本当に財政上の危機に直面している状態です。

そういった中で、今回提出されました一般会計補正予算、議会の議員海外視察費の補正に対して、賛成できず反対します。海外視察は前市長の在任中から3か年でおこなうということを予定され、昨年度より始まりましたが、新聞で来年度は財政難を理由に中止すると発表されました。来年度で中止するものが、なぜ今年度から中止されないのか、多くの市民が今痛みを分かち合ってくれている中、なぜ議員が補正まで組み海外に視察に行く必要があるのか疑問に思います。

そして、議員海外視察に関しては、議会の幹事長会で事前に話し合われました。そのときの意見では、議会は多くの視察を減らし、この海外視察をおこなうことにした。議員報酬も、ここ数年上げてない。前回の選挙では議員の定数を減らした、とありました。だから海外視察に行く、このような議員サイドの立場の意見に対して、多くの市民は納得するのでしょうか。市民のサイドに立たなければならない議員と市民の間に大きなずれが生じてきているのではないのでしょうか、私は、そのように思います。

海外視察に対して、私は、すべてを否定しているわけではありません。国際化が進んだ今、海外から学ばなければならないことは数多くあると思います。また、百聞は一見に如かず、という言葉もあります。

しかし、この財政状況の中では、議員として財政状況をみて視察を先延ばしにする。月々の議員報酬以外に出ている政務調査費6万円をうまく利用して海外視察をおこなう。市民とともに痛みを分かち合う、こういった点が必要ではないのかと、そのように思います。以上の理由により、今回の一般会計補正予算に反対します。議員みなさまのご賛同をよろしくお願いします」

私は「議員の海外視察」が盛り込まれた一般会計補正予算に、壇上での反対討論までしました。財政が厳しく、市民に痛みを伴う行財政改革を進めようとしているときに、市議会議員が補正予算まで組んで、海外に視察に行く必要があるのか、という考えからでした。

初当選から7か月しか経っていない私が、先輩議員らの「海外視察」に、強固に反対し、「まちのスケッチブック」に反対討論の内容を掲載して、市民へ配布したのですから、先輩議員からは、かなりのお叱りがありました。

このような私でしたが、今では、市議会議員に少しでも多く海外へ出てもらいたいとの考えを持っています。

泉佐野市には、海外の友好都市として、中国上海市徐匯区、中国上海市宝山区、中国四川省成都市新都区、中国山東省柳城市東阿県、中国山東省威海市、モンゴル国トゥブ県、ウガンダ共和国グル市、ブラジル連邦共和国サンパウロ州マリリア市、ベトナム社会主義共和国ビンディン省と、9都市あります。オーストラリア連邦クイーンズランド州サンシャインコーストシティとは、提携は結んでいませんが、友好関係にあります。

関西国際空港に一番近いまちということで、海外の多くの都市から友好交流のお話をいただきました。また市民間での交流が、友好都市提携に至ったケースもあります。ちなみに海外の友好都市数では、京都市と並んで、「泉佐野市は日本一」です。

新田谷市長は、どんなに財政が苦しくても、サンシャインコーストシティへの青少年海外派遣事業だけは、休止せずに続けました。関空のお膝元の青少年に、海外を若くから経験してもらいたいとの思いが強くあったからでした。

現在も、海外の友好都市とは、市民を交えての交流事業を展開しています。もちろん予算に計上していますので、議会の審査で、相手方の都市がどのような国にあり、どのようなまちなのか、市議会議員には、やはり一度ぐらいは友好都市を訪問し、どのような事業をしているのか、把握しておいてほしいと思っています。

また友好都市との交流は、人の行き来の積み重ねによって友好が深まっていくと考えます。国内外を問わず通常の視察では、一度きりの訪問で、後が続かない場合がほとんどです。私が反対した海外視察は賛成多数となり、実際におこなわれましたが、視察団が訪問したアメリカのロサンゼルスとシアトル、カナダのバンクーバーの３都市とは、それ以降、何のお付き合いもありません。

しかし友好都市への訪問は、単なる視察と違い、人の行き来が積み重なりますので、泉佐野市にとっても、友好都市との関係で言えば、さらに交流が深まり、意義深いものとして返ってきます。

泉佐野市議会の「議会改革推進委員会」で、議員の海外視察についての議論があり、政務活動費を活用しての海外視察は認められるようになりました。今後、より多くの市議会議員が、海外の友好都市を訪問してくれることを期待します。

財政非常事態宣言

平成14年5月19日（日）に泉佐野市議会議員選挙がおこなわれました。補欠選挙で初当選した私にとりましては、初めての通常選挙でした。改選前に定数を1名減らし、23名にしたこの選挙は、33名が立候補、実に10名が落選するという、これまでなかった熾烈な選挙になりました。

自由民主党は公認候補を5名、推薦候補を1名擁立しましたが、当選者は4名で、新たな任期での会派「自由民主党泉佐野市会議員団」は4名となり、改選前の4名と同じ議席数でした。

しかし、この選挙を契機に、議会の勢力図が変わり、新田谷市長支持派が増え、多数を占めるようになりました。そして財政再建に向けての、種々の議案が議会で承認を得やすくなりました。

平成14年8月、泉佐野市は大阪府から財政上の支援策を受けるため、「財政健全化計画」を策定して、行財政改革を進めました。後に、総務省に提出する財政健全化計画と区別するために、「第1次健全化計画」とします。

この支援策は、「大阪府の特別貸付金で、利率が2％を越えているものを5年間に限り2％以下に引き下げる」、「償還期間が10年以下のものを5年間延長する」という内容で、金利軽減の効果が約14億円ありました。

しかし支援策を受ける要件として、「平成18年度までに一般会計約30億円の累積赤字解消と単年度黒字化」、「経常収支比率の１００％以下への改善」が求められました。平成13年に策定した「行財政改革第2次実施計画」での目標が平成17年度の単年度黒字化でしたので、さらにハードルの高い改革が必要になりました。

平成14年9月議会では、平成13年12月議会に続いて、下水道使用料、幼稚園保育料、市営駐輪場料金、文化会館使用料の改定などが上程されました。文化会館の使用料以外は、3度目の上程でした。議会の勢力図も変わっていて、まさに「3度目の正直」で、この議会では全ての料金改定案は可決されました。

ここでも私は、「受益者負担」をキーワードに、

「文化会館（現：エブノ泉の森ホール）は、人件費、管理運営費（管理運営費は、生涯学習センター、中央図書館、歴史館も含む）などで、泉佐野市は年間約4億円を支出してきた。しかし使用者は半分が市外である。泉佐野市の税金をもって、市外の人たちが利益を受けている。これをあらため、受益している人たちに、もっと負担をしてもらう受益者負担の観点が必要」

と、市民に説明しました。

平成15年度から平成16年度は、合併特例法の法期限を前にし、泉佐野市も参加した「泉州南合併協議会」の協議が盛んにおこなわれました。合併協議がおこなわれた中にあっても泉佐野市は、第1次健全化計画に基づいての行財政改革を粛々と進めました。

しかし、平成15年に国の「三位一体改革」による国庫補助金の削減、地方交付税の削減、これに対する不十分な税源移譲、また「固定資産税の評価替え」が重なり、泉佐野市の財政は、さらに危

機的な状況に陥り、平成16年3月に「財政非常事態宣言」を出しました。それまでの「第1次健全化計画」をより厳しい内容に修正し、さらなる取り組みを進めました。

泉の森ホール、総合体育館、健康増進センターをはじめ、公共施設の週2日閉館、コミュニティバスの休日の運休、市単独の給付金事業の廃止、一般家庭ゴミ袋の有料化など、健全化項目は201項目に及ぶ厳しい内容でした。

平成16年5月臨時議会で、私は第61代副議長に就任しました。このときの「役選」では、副議長は、ほぼ私に内定していましたが、議長選挙は議長に手を挙げた2名の議員による争いになりました。本命と見ていた議員に9票しか入らず、対抗の議員に11票が集まり、無効が2票でした。泉佐野市議会では、議長選挙も当選が確定しているケースが、過去に多くありましたが、このときは、投票箱のフタを開けてからようやく結果がわかった大逆転でした。

泉佐野市が「財政非常事態宣言」を出し、第1次財政健全化計画をさらに厳しい内容に修正した大変な時期に、泉佐野市議会の副議長に就任し、6月議会の傍聴人「退席命令」へとつながりました。

厳しいのもそのはずで、担当していたメンバーがすごい面子でした。市長公室長が、私が市長に就任したときの副市長であった泉谷善吉氏、企画課行財政改革担当参事が、私が市長に就任してから市長公室長をお願いした道下栄次氏でした。

道下氏は、現在も泉佐野市の「参与」として、行財政のアドバイザー的な役割で、市役所に来てもらっています。市立病院の「独立行政法人化」や総合文化センターの「セール・アンド・リースバック方式」の導入を手がけた人物です。

夕張市に次いで、全国でワースト2と言われた財政健全化団体の泉佐野市を建て直したのですから、「行財政改革」では、日本一の実績を上げてきた地方公務員といっても過言ではありません。

「第1次健全化計画の修正版」では、彼ら主導の「えげつない改革」が、泉佐野市で進んでいきました。とりわけ「一般家庭ゴミ袋の有料化」は、市民から大きな反発が沸き上がりました。有料化は、ゴミの減量が第一の目的でありますが、排出抑制によって焼却炉の長寿命化にも資する財政的な効果も背景にありました。

「50ℓの袋が1枚50円」、「20ℓの袋が1枚20円」の指定ゴミ袋の有料化は、平成17年3月議会で可決され、1年間をかけて周知が図られました。あわせて111回もの市民説明会が開催されました。その説明会に来る多数は、有料化に反対の人たちでした。中には、付きまとうように同じ人たちが説明会にやって来て、声を大にして反対をうったえました。条例は先駆けて制定されましたが、いざ実施に至るまでには一筋縄ではいかない空気感でした。その影響を一番受けたのが、有料化に賛成した市議会議員たちでした。

平成18年4月1日から、泉佐野市では大阪府内で初めてとなる「ゴミ袋の有料化」が実施されましたが、翌月14日（日）には、泉佐野市議会議員選挙が控えていました。有料化反対の議員は、「ゴミ袋有料化反対！」を声高々に掲げ、撤回署名や廃止条例などを公約にして、幅広い層の支持を獲得しながら、意気揚々と選挙にのぞんでいました。賛成した議員は、本当に苦しい立場での選挙を強いられました。反対の市民から、「なぜ賛成したのか?」、「なぜゴミ袋の有料化が必要なのか?」など、1時間以上も足止めをされることが多々あった選挙でした。これまでの支援者からも、なかなか理解を得ることができない逆風での戦いでした。

選挙自体も、定数を2名減らして、21名になったところへ29名が立候補し、8名が落選するという激戦でした。選挙結果は、有料化反対議員で某政党の新人候補はトップ10に入り、他の某政党現職、革新系議員などは、前回の選挙と比べて、かなりの票数を伸ばしました。この選挙で「自由民主党泉佐野市会議員団」は鎌野博議員と私の2名と、議席数が改選前より減りました。

話を少し変えまして、改選後の5月臨時議会で、私は議会選出の「監査委員」に選ばれました。監査委員の仕事は、市の財務事務や経営に係る事業の管理等が、法令に従って適切に実施されているかの監査を実施します。

月に一度、例月出納監査によって、各課の支出に関する書類（支出命令書）を細かい点までチェックします。議員として各事業の支出に関しては、決算書などでチェックしていましたが、監査委員は、支出命令書などで、さらに細部まで支出が正しくおこなわれているかチェックします。また1年間のお金の動きである「決算審査」をおこない、監査委員が承認したものが議会の決算特別委員会で審査されます。

「監査委員は、とても市政運営の勉強になるので、一度はやっておくべきだよ」と先輩議員から言われていました。1年間だけでしたが、監査委員を経験して、その言葉の通り、市政の状況や各施策・各事業をより深い観点から、とらえることができるようになりました。

話を「ゴミ袋の有料化」に戻します。平成18年6月議会で、私は「ゴミ問題について」を代表質問の中でおこないました。

「一昔前は、家庭が出すゴミの量や質は、あまり差異がない時代でした。社会が成熟し、高度化してきた現代では、それぞれの家庭で出すゴミの量、質が異なってきています。家庭ゴミの収集、そして焼却に至るまでの処理は、一昔前ならば公共的なサービスの側面が強かったけれども、現在は個人サービス的な面が強くなってきていると考えます。

そのような中で、これからは家庭ゴミを出すことに関してでも受益者負担の観点から、ゴミ袋を有料化して、応分の負担をしていただくのが、時代の流れであると思います。ゴミが少ない家庭は、少ない負担で済む、ゴミが多い家庭は袋の枚数が要るので負担が多くなる、受益者負担の観点が必要だと考えます。

泉佐野市の説明会では、とにかく減量化、減量化ばかりであったので、今後は受益者負担の観点も、説明会では必要であると思います。もし今後、そのような機会があるのならば、受益者負担の観点を重視して説明していただきたいとお願いします。」

ここでも「受益者負担の観点」を出して一般質問しました。ここで、紹介した質問内容は、泉州弁を修正し、上品な言葉使いにしていますので、正規の議事録とは若干違っています。実際に、このような説明を、選挙期間中の個人演説会でおこないましたら、「あんたの説明が一番納得できた！」と言われたことがありました。

市議会議員選挙で、革新系議員が公約とした「ゴミ袋有料化の是非を問う住民投票」の動きが、選挙後には、より活発になっていました。そして、署名が集まり、平成18年7月27日（木）に、「泉佐野市の家庭ゴミの有料化についての意志を問う住民投票条例の制定について」の臨時議会が開かれました。

議案説明と「市長の議案に対しての意見書」が出され、議案を審査するための「住民投票条例審査特別委員会」が設置されることになりました。その委員会が8月8日（火）に開催されました。

住民投票条例の制定には、「首長が条例案を議会に提出するケース」、「議員が条例案を議会に提出するケース」、「有権者が直接条例の制定を求めるケース」の三つがあり、有権者が直接求めるケースは「直接請求」と呼ばれます。有権者が直接請求者となって、同意する住民の署名を有権者の50分の1集めれば請求できます。

署名を収集する人（受任者）を選定し、選挙管理委員会に届け、一か月の収集期間に署名を集めます。この署名は自筆によるもので、捺印も必要です。署名を集めた後は、署名簿を選挙管理委員会に提出し、署名簿の審査を経てから、首長に条例制定を請求することになります。

このときのケースでは、有権者の50分の１（平成16年６月２日時点）は、「１６１２人以上」でしたが、なんと「４４４７人」の有効署名が集まりました。

この条例制定に対して、新田谷市長は、

「……地方自治法第74条第１項には、地方税の賦課徴収並びに分担金、使用料及び手数料の徴収に関するものを除く、と明記されている。これは地方税等の賦課徴収に関する条例の制定又は改廃に関する住民の直接請求は、制度そのものとして適当でないものがあるだけでなく、地方公共団体の財政的基礎を危うくし、その存在を脅かすものがあると認められるところから、昭和23年の改正において制限されたものである。

住民投票条例は、直接的に手数料の徴収に関して規定するものではないため、今回の付議に至っているところではあるが、平成17年泉佐野市議会３月定例会において、慎重な審議を重ね、賛成多数をもって可決成立した泉佐野市廃棄物の減量化及び適正処理に関する条例の一部を改正する条例に対する可否を改めて問おうとしているものであって、実質的には手数料の徴収に関する条例に係るものである……

……制度についての問い合わせや、様々な意見については、今後も引き続き誠意をもって個別に対応していくところであるが、そもそも家庭可燃ごみの有料化については、国の一廃棄物の減量化その他その適正な処理に関する施策の総合的かつ計画的な推進を図るための基本的な方針にも示されているとおり、ごみを減量化するための有効な手段と考えており、減量化を実践するために最も重要とされる排出抑制効果を得るためにも必要な施策であるという考え方のもとで実施したものである。従って住民投票条例は制定するべきではない……」

と意見書を添えて議会に付議しました。

地方自治法で、住民投票に関しては、「地方税、分担金、使用料、手数料の徴収に関するものは除く」と明確に規定されています。多くの人々は、税金や高い公共料金を払わないで済むなら払わないでおきたい、と思っているでしょうし、「減税」や「使用料減額」などの類《たぐい》のものが住民投票されたら、可決になる可能性が高く、地方自治体の財政基盤を不安定にする恐れが生じます。

このときの直接請求は、「直接的に手数料の徴収に関して規定するものではない」としていましたが、事実上「ゴミ袋の有料か、無料か」を問うのが明確で、それは手数料に関わってくるものなので、住民投票になじまないと意見書で述べていました。

私は反対しましたし、この直接請求は賛成少数で否決となりました。平成17年3月議会での条例成立から、説明会、市議会議員選挙、住民投票の署名活動、そして平成18年7月臨時議会と、1年以上に及んだ「ゴミ袋有料化騒動」については、直接請求の否決によって、落ち着きを見せ始めるのでした。

財政非常事態宣言のもとでの象徴的な事柄として、「家庭ゴミ袋の有料化」を取り上げましたが、平成16年度から平成18年度までの「第１次健全化計画（修正版）」の取り組みでは、約２２０億円の財政改善を生み出す項目が実施されました。そして、ようやく一般会計の累積赤字解消、黒字化の目途が立ったときに北海道夕張市の財政破綻、いわゆる「夕張ショック」がおこりました。

トンネルを抜けても雪国だった……

平成18年６月に、夕張市長が「財政再建準用団体」の手続きを総務省に申請すると公表しました。当時の地方自治体の倒産にあたる「財政再建準用団体」に夕張市が転落するニュースは、全国の地方自治体にとって大きな衝撃であり、泉佐野市も大きく影響を受けることになりました。

私は、これまでに夕張市を３回訪れたことがあります。１度目は、平成19年９月28日（金）に初めて訪れました。その年は青年会議所の全国大会が帯広市で開催され、次年度理事長であった私は、予定者会議に出席するため、他のメンバーより早く、大懇親会前日に北海道入りしていました。関空から千歳空港へ、そしてレンタカーで帯広市まで移動する道中で、夕張市に立ち寄りました。夕張市は「財政再建準用団体」転落した後でしたので、まち全体に、とても寂しい雰囲気が漂っていました。

２度目は、市長に就任してからで、平成25年10月21日（月）に財政担当職員とともに、「財政再生計画」の進捗状況や「財政健全化に向けた取組み」などの視察で訪問しました。このときは鈴木直道市長（現在：北海道知事）と面談の機会もあり、生活拠点の集約化についての話を聞かせてもらいました。

広大な市域に点在する炭鉱跡ごとの集落を集約化することで、行政負担はもちろんのこと、市民の利便性も向上し、生活負担も軽減できるとのことでした。例えば、共同住宅の空き部屋を集約化で埋めることで、建物全体の暖房の熱効率が上昇すると言われていました。

「集約化には多くの苦労が伴うが、この取り組みが実り、新しいコミュニティが生まれることで、人々の結びつきが強くなり、地域の彩《いろどり》を取り戻したい」

と言われていたのが印象に残っています。

また転落前の平成18年当初には、夕張市の職員は260名いましたが、申請後の年度末には、127名になっていました。深刻な人手不足で困っている夕張市へ、泉佐野市からの職員派遣の要請が鈴木市長からありました。

実際に翌年、平成26年7月1日（火）から職員を1名派遣しました。泉佐野市では病院事務や生活福祉の業務が長かった職員で、夕張市では障害者福祉を担当することになりました。平成28年度末まで、約2年9か月の派遣となりました。

3度目は、平成28年7月6日（木）、7日（金）の2日間、泉佐野市町会連合会の幹事会の研修で夕張市を訪れました。派遣した職員が丸2年となり、泉佐野市からの研修に同行し、丁寧に説明をしてくれましたが、とても夕張市に馴染んでいるようでした。ちょうど時期が良く、視察した自治会や施設では、「夕張メロン」を振る舞ってくれました（笑）。

ピーチ・アビエーションが関空に就航してから、市内の各種団体などの研修は、できるだけ「ピーチ」を使って実施するように呼び掛けていました。このときも「ピーチ」を使って北海道に渡りました。

夕張市を3度訪問したことによって、財政再建に向けての涙ぐましい取り組み、財政破綻に加えて全国トップクラスの人口減少、人通りが少なくなった市街地など、夕張市が抱える様々な苦悩を直に感じました。鈴木市長の、

「夕張市は、本当に大変です」

の一言に、それら全てが包含されていたように受け取りました。

夕張市は、「炭鉱のまち」として最盛期には、人口が12万人までなりましたが、炭鉱の閉山が相次いだ結果、財政破綻したときには、人口が1万3０００人まで落ちこんでいました。

さらに現在は、人口が８０００人を割り込み、65歳以上の高齢化率は50％を超えています。炭鉱が閉山したあとも、石炭で潤っていた時代と同じ行政サービスを維持し、あわせて閉山の後処理対策もしなければならない中、炭鉱にかわる産業として観光産業に力を入れ、「炭鉱から観光へ」を合言葉に、幅広く観光事業を展開しました。しかしながら、バブル崩壊後の長引く景気低迷により、力を入れた観光産業も低迷し、財政状況が著しく厳しくなっていきました。

財政破綻前の夕張市の歳出の大部分は、金融機関からの一時借入金で、その額は年間約100億円にのぼっていました。地方自治体の会計年度は3月末ですが、翌年度の4、5月の2か月間は支払いなど、前年度分の会計処理をするために「出納閉鎖期間」が設けられています。

夕張市は、この「出納閉鎖期間」に、新年度の特別会計予算から旧年度の一般会計に返済してもらい、旧年度の一時借入金を返済するという会計上の操作をおこなっていました。本来なら一般会計に出てくる赤字額を、出納閉鎖期間での会計処理方法を用いて、表面上は黒字としていました。これによって、夕張市の負債額はみるみる膨れ上がり、ついには「財政再建準用団体」の申請をすることになったのでした。

つまり、夕張市は実質上の赤字を隠し、夕張市議会ですら巨額の負債の存在には、気づいていなかったと聞きます。また財政担当以外の夕張市職員のほとんどは、財政破綻が明るみになった日のニュースで、夕張市の「財政再建準用団体」への申請を初めて知ったとのことでした。

この「夕張ショック」によって、総務省は地方自治体の財政状況を「一般会計」だけでなく、「特別会計」や「事業会計」までを含んだ一定の基準のもとに判断していく方針を出しました。それまでの「地方財政再建促進特別措置法（財政再建法）」にかえて、「地方公共団体の財政健全化に関する法律」、いわゆる「財政健全化法」が平成19年6月15日に成立し、6月22日に公布されました。

財政再建法（旧法）では、一般会計の累積赤字額が標準財政規模の20％を超える団体が「財政再建準用団体」となりました。このように旧法では、地方自治体の財政状況を一般会計の累積赤字額という一つの基準によって判断していましたが、「財政健全化法」では、実質赤字比率、連結実質赤字比率、実質公債費比率、将来負担比率の四つの指標が設けられました。

財政状況が悪い地方自治体には、「早期健全化基準」を超え、財政破綻一歩手前のイエローカードが突き付けられる「財政健全化団体」と、「財政再生基準」を超え、財政破綻のレッドカードが突き付けられる「財政再生団体」の２段階が設けられました。「財政再生団体」は、総務大臣の同意がなければ予算編成ができません。

泉佐野市は、平成15年度決算で、一般会計の累積赤字が約30億円に達し、「財政再建準用団体」転落の寸前までなりましたが、第１次健全化計画をより厳しい内容へと修正し、財政健全化に取り組んだところ、平成18年度決算では10年ぶりの黒字決算となり、経常収支比率も１００％以下に落とすことができていました。

しかし、夕張市の財政再建準用団体転落、「夕張ショック」に端を発した財政健全化法の施行によって、新たに設けられた指標のうち、「実質公債費比率」と「将来負担比率」が大きく「早期健全化基準」を上回ることになり、泉佐野市は財政破綻寸前のイエローカード「財政健全化団体」に転落してしまうのでした。川端康成の『雪国』になぞらえて、「トンネルを抜けても雪国だった……」と新田谷市長がよく言われていたのを覚えています。

財政健全化計画の策定

平成20年は、私にとりまして忘れられない1年になりました。前年に国土交通省が空港連絡橋を国有化することを発表して、泉佐野市は空港連絡橋の固定資産税が失われてしまう事態に陥っていました。泉佐野市議会議長に就任した私は、新田谷市長とともに、この大きな問題に取り組まなければならなかったのは、第1章でお伝えしました。

あわせて9月には、100年に一度といわれた「リーマンショック」が起こり、バブル崩壊後の「失われた20年」から「失われた50年」の始まりになるだろうと言われた年でもありました。連絡橋国有化やリーマンショックで、泉佐野市の前途には大きな暗雲が漂っていました。

そのような中、財政健全化法が平成20年に施行され、夕張市は財政破綻の「財政再生団体」に適用されることになり、泉佐野市は財政破綻一歩手前の「財政健全化団体」に適用されることになりました。

このことが大きく報道され、市民からは「泉佐野市は大丈夫なの？」といった問い合わせが多く寄せられました。市民生活は長引く不況で厳しく、また泉佐野市の財政上の理由から、かなりの負担を被ってきましたので、「財政健全化団体」転落で、さらに負担が厳しくなるのかと、とても心配されての質問でした。

私が初当選してから、財政健全化団体に至るまで、泉佐野市は、すでに様々な行財政改革に取り組んでいました。特に平成16年から平成18年にかけては、「財政再建準用団体」転落の危機的な状況で、さらに厳しい行財政改革を進めました。

金額にしますと、新田谷市政がスタートした平成12年度から平成18年度にかけては、約３７０億円の財政改善をしていました。とりわけ、平成16年度から平成18年度にかけては、約２２０億円の財政改善をしていました。

この間、泉佐野市は財政健全化のために使用料・手数料などを改定し、多くの公共料金が、すでに大阪府下で高い水準に達していました。財政健全化団体転落前までに、市民の負担を伴う取り組みを、すでに多く実施していたのでした。

加えて、バブル崩壊後の長引く景気低迷、平成20年のリーマンショックでは、世界経済が大打撃を受けていました。そのような中、財政健全化団体に陥って、新たに策定をする「財政健全化計画」では、「さらなる市民負担を増すこと」はあってはならないという強い思いが私にはありました。

「生活が苦しい」、「会社がしんどい」、「年金暮らしなのに公共料金が高い」等々、様々な市民の声を聞いてきましたので、このように厳しい環境にある市民生活に、財政健全化団体に陥ったからといって、さらに追い打ちをかけてはならないと考えていました。

平成19年９月議会に「財政健全化計画（素案）」が示されましたが、私は「市民負担に直結する使用料・手数料の見直しの約８億円の項目は削除してほしい」と強く要望しました。その市民負担を伴う項目の代替案として、「職員数の削減」や「議員定数削減」、「遊休地の売却」などを提言しました。

広域行政、事務の効率化、指定管理者制度などを進めることによって、さらに職員数を削減する努力をし、また議員定数の2名削減でも計画期間中の効果額は約4億円になる、そして、遊休地の売却は細かい土地まで売却していけば、市民負担を伴う約8億円の効果額に変わるものが簡単に算出できるのではないか、と強くうったえました。

財政健全化団体は、財政健全化法に基づいて「財政健全化計画」を策定し、総務省に提出する義務が課されています。この財政健全化計画をめぐって、泉佐野市では平成21年9月議会での素案発表から12月議会にわたって、様々な議論がなされました。

平成22年2月24日（木）に、泉佐野市議会では、2月臨時議会が開催されました。議案は、「泉佐野市財政健全化計画の策定」、「第三セクター等改革推進債の許可申請」、「泉佐野市宅地造成事業会計の廃止」などでした。

この議会で、平成21年度から平成39年度までの19年間の財政健全化計画の全容が示されました。「宅地造成事業会計の廃止」、「遊休財産の処分」、「出資法人の基本財産の回収」、「使用料等の徴収事務の見直し」、「使用料・手数料等の見直し」、「無料サービスの有料化」、「19年間で188人の職員削減」、「公共施設の統廃合」、「投資的経費の見直し」、「事業の廃止・縮小」、「第三セクター等改革推進債の活用」、「国・府の支援」、「繰上償還等による公債費の軽減」などからなる財政健全化計画でした。平成21年度からの19年間の財政改善額合計は、約５３６億円にのぼるものでした。

この財政健全化計画には、「起債の許可を受けるための収支計画」という面もありました。総務省は財政健全化法を施行するに際して、「第三セクター等改革推進債」を設けました。全国の多くの自治体で悩みの種になっていた借金が重くのしかかり、なかなか手の付けることができなかった「塩漬けの会計」などを廃止していくために設けられた起債制度で、通称「折り畳み債」と言われました。

その借金を認める代わりに、「財政を健全化していくための収支計画を提出しなさい」という要件がありました。この収支計画を財政健全化計画が兼ねていたのであります。つまり財政健全化計画の提出と、第三セクター等改革推進債の許可は、連結していました。

泉佐野市には「宅地造成事業会計」という企業会計がありました。この会計で、旧市立病院跡地、市民会館跡地（南海泉佐野駅近く）、泉佐野センタービルの一部（現在：泉佐野センターホテル）、白水池跡地（ＪＲ日根野駅近く）を保有していました。いわゆる「塩漬けの土地」を保有していた会計でした。また、この会計で約65億円の負債を抱えていました。

約65億円にのぼる大きな負債を抱えた要因は、会計で保有していた土地を売却し、売却損を出してきたからでした。その売却損分を負債として抱え、一時借入金でまわしていました。泉佐野市は、この「お荷物な会計」を何とか早く廃止したかったのですが、それには宅地造成事業会計が抱える資金不足分（一時借入額）を用立て、事業会計の借金を帳消しにして、残っていた土地（白水池跡地の一部）を一般会計で買戻しする必要がありました。

しかし財政が危機的な状況の泉佐野市では、約65億円の巨額を一般会計から投入する余力は到底なく、なかなか手をつけることができませんでした。そこで新たに設けられた「第三セクター等改革推進債」を活用し、宅地造成事業会計の一時借入金を清算して、一般会計の長期借入に振り替えることにしました。これによって、泉佐野市の長年の大きな課題であった「宅地造成事業会計」を廃止することにしました。

新たに策定した「財政健全化計画」に対しては、「19年間の計画期間が長すぎる」という批判がありました。当時、全国で財政健全化団体は他にもありましたが、19年間という長期の計画は泉佐野市だけでした。財政破綻した夕張市でさえ、18年間の計画でした。

計画期間を長くしたのは、過度な市民負担を求めないためという説明が行政からありました。仮に計画期間を短くできたとしても、公共料金、使用料などの負担が、短縮した分だけ市民負担等に跳ね返り、市民生活に急激な悪化をもたらしてしまうとの考えがありました。

私は、新たに策定された「財政健全化計画」の全てを承服していたわけでは、もちろんありませんでした。市民負担を盛り込んだ項目があり、納得のいかない小学校の統廃合、職員数の削減は素案より少なくなっていました。しかし19年という期間は、市民負担を急激に過度なものにしないためで、宅地造成事業会計を廃止する好機だともとらえ、健全化項目ごとの各論は反対でも、総論的に財政健全化計画には賛成しました。

反対した議員なら、「私は反対したのに、賛成多数になってしまった」という言い訳ができます。しかし賛成した議員は、そうはいきません。きちんと責任を持って、賛成した議案に向き合っていかなければなりません。この2月臨時議会以降から市長選挙出馬に至る直前まで、財政健全化計画に対しては私なりの主張を議会で続けました。

また、この臨時議会では議員定数を1名削減、議員報酬を月額4万カットする案件も可決しました。

このように財政健全化計画は、泉佐野市議会で承認されましたが、平成12年度から平成18年度まで約370億円、特に平成16年度から平成18年度まで約220億円の財政を改善し、泉佐野市はすでに水を絞り切った雑巾のような状態になっていました。

長引く不況で限界に近づいていた市民生活と、行革に次ぐ行革で絞り切った状態の泉佐野市に、さらに約536億円という気の遠くなる財政改善が重くのし掛かることになりました。

市議会議員から市長選挙出馬へ

市議会議員のときに「議員の仕事って何?」、「議員って、毎日何をやっているの?」と市民からよく聞かれました。地方議員の仕事は大きく分けて3つあると、私なりにとらえて議員活動を続けてきました。

第一は「住民の代表」であり、住民から寄せられる要望などに対して、住民の代表として行政に要望をおこない、実現に移していく仕事です。第二は「行政のチェック」であり、行政が策定した予算や条例を議会や委員会でチェックする仕事です。第三は「政策提言」であり、行政に対して時代に即した政策を提言していくことです。

これらの仕事を果たすために、初当選した直後の平成12年3月議会から定例議会のたびに、本会議場で「一般質問」をしてきました。一般質問とは、「市の一般事務について、議長の許可を得て質問することができる」と全国市議会議長会「標準市議会会議規則」に記されています。

議員は、市政全般にわたって、幅広く本会議場で質問することができます。もちろん「わからないので教えてください」という学校の先生にするような質問ではありません。住民の要望や時代のニーズを政策提言として盛り込み、時には行政の姿勢を正すという内容の質問をおこない、議場で行政とやり取りします。

質問の冒頭に「ただいま議長より、お許しを得ましたので……」と付け加えて質問を始める議員が多くいます。私もそうでした。このことは議長の許可制を示していて、まさしくそのために、事前に書面で質問内容を議長に届出する「通告質問」制をとっているのが一般的です。

泉佐野市議会の一般質問のルールは、会派代表質問の場合は、「会派人数×30分」が持ち時間です。この持ち時間には、行政の答弁時間も含まれます。また同じ会派の議員が個人質問をするときは、「会派人数－個人質問の議員数」×30分が持ち時間です。

そして市長が「施政に関する基本方針」を本会議場で発表する３月議会では、「施政に関する基本方針に対しての質問（以下：施政質問）」がおこなわれます。このときは「会派人数×40分」が持ち時間になります。施政質問のときは、個人質問はおこなわれません。

私は、市議会議員の11年間で、定例議会は45回ありましたが、議長・副議長を務めていた間を除き、本会議場での一般質問は37回にのぼります。その内、会派代表質問は33回（７回は施政質問）、個人質問は４回おこないました。

例えば、これは平成21年６月議会の会派代表質問の内容です。

平成21年６月議会代表質問

1．新型インフルエンザについて

（１）今回の新型インフルエンザに対しての泉佐野市の対応について

（２）関空の直近の自治体としての今後の課題は？

2．学校教育の向上について

（１）スクールランチと中学校給食について

（２）児童・生徒の学力の向上について

（３）児童・生徒の体力の向上について

（４）現在予算化されている施設の建て替え以降の計画は？

3. 市立病院について
（1）女性医師と看護師確保のための院内保育の必要性について
4. 今後の第4次泉佐野市総合計画について
（1）数値目標を導入した総合計画の運用方法について
（2）総合計画と財政健全化計画の整合性について
5. 市民生活の向上について
（1）各駅前における不法駐輪の対策について
（2）泉佐野市田尻町清掃施設組合における焼却場の建て替え計画について

1. 2. 3. を項とし、（1）（2）（3）を目《もく》としますと、私の全質問の合計は、「150項」、「612目」に及ぶ量になります。

「わからないから聞く」のではなく、質問項目はあらかじめ調査した上で、自らの政策提言、また要望を盛り込みながら「ストーリー」を作り上げていきます。ここでの「ストーリー」ですが、泉佐野市議会では自席からの「再質問」があります。行政側の答弁を予想して再質問を作り、要望や政策提言に落とし込んでいくという「ストーリー」を作ることがとても大事です。

「目」から「目」へ再質問が移るとき、また「項」が変わるときに、うまく要望や政策提言を使って締めくくれなければ、「オチのない」尻切れとんぼの質問になってしまいます。質問と質問の間のそれぞれの締めに持っていく「ストーリー」を行政からの再答弁を予想しながら創り上げていくのです。

通告を出したら、担当職員から時間を取ってほしいと連絡が入り、いわゆる質問内容のヒアリング、「聞き取り」がおこなわれるのですが、私は、いつも簡単に済ませていました。担当職員にもよりますが、質問内容を文章化した「質問書」がほしいとの依頼も毎回ありました。私は「質問書」は、依頼があれば担当職員に渡していました。壇上での質問・答弁のやり取りは、文章化したものを読み上げるだけで、私にとって、本当の質問が始まるのは、自席に戻ってからの「再質問」でした。

「再質問」のストーリーを文章化したものもほしいと言ってくる担当職員もいました。こちらも依頼があれば渡していましたが、大抵、渡したときは、準備された、当たり障りのない、そして物足りない答弁が返ってきました。そんなときは、即興での再質問がさらに入ることになりますので、渡したときほど、ストーリー通りにならないのが私の質問でありました（笑）。

このように「わからないので教えてください」だけでは済まない、議会の一般質問をするためには、議員は多くの勉強をしなければなりません。複雑に絡み合っている様々な制度を理解し、また住民課題を把握するために、より多くの人たちと接して意見を聞き、多くの場面に顔を出して勉強しました。だから私の日々の活動は非常に多岐にわたっておりました。

もちろん本会議での一般質問だけではなく、１０００回を超えた市政報告「まちのスケッチブック」の早朝からの駅頭配布、まもなく4000号に到達するメールマガジン「千代松大耕のニュースレター」の発行などの議員活動、青年会議所や青少年指導員としての地域活動などに熱心に取り組みました。

市議会議員の11年間で、私は泉佐野市議会の他の議員には、誰にも負けないくらい、多くの市民と接してきたという自負がありました。様々な場所や会合に積極的に出向き、その中で様々な市民の声を聞いて勉強を積み重ねました。

地方議員は「毎日どんな仕事やっているの?」と尋ねられるぐらいの職業です。また多くの人からすれば、「有っても無くてもどちらでもいい」盲腸のような存在かもしれません。中には「選挙の前にだけ頼みに来る」、「大した仕事をしていない税金ドロボー」とまで思われている方も少なくないでしょう。

しかし「議員にしかできないことがある」、「議員だからこそ市民の役に立てることがある」と、議員の存在価値を何とか高められるようにと、そこを突き詰めなければ本当に税金ドロボーで終わってしまうと、私は議員としての仕事を、ひたすらまじめに一生懸命に取り組んできたことで、結果として「次の市長には千代松を」という声を多くいただけるようになりました。

市議会議員として、最後になった平成23年3月議会の一般質問では、

「質問に入らせていただく前に、3月11日14時46分に三陸沖を震源地として発生した東北地

方太平洋沖大地震で痛ましくも犠牲となられました方々に、衷心より哀悼の意を表しますとともに、現在も大変不便な生活を送られております被災地の方々の生活が一日も早く回復していきますように、心からお祈りを申し上げます。

国内観測史上最大のマグニチュード9・0の大地震は、言葉では表せないような災害をもたらしました。様々な報道からは、目を覆いたくなるような現実があります。しかしながら、現実をしっかりと受け止めた上で今後の対応をしていかなければなりません。

泉佐野市では、市消防本部より職員7名、交代要員7名の計14名、ポンプ車、救急車を派遣、救命救急センターより医師など5名を派遣するなど、緊急の支援対策を講じているとの報告を受けました。また、先ほど新田輝彦議員からもありましたように、タオル組合をはじめ、仏教会、青空市場、私立幼稚園など、様々な各種団体から被災地への支援の報告も受けております。国難ともいうべき今回の事態に対しまして、何年かかろうとも国民すべてで総力を結集して支え合っていかなければならないと私は考えます。

大規模な災害が発生したときには、その規模が大きければ大きいほど、公的防災力での限界を感じます。阪神・淡路大震災のときに家の下敷きになり助かった人の割合で、自力で脱出した自助が約80％、地元防災組織によって助けられた共助は約15％、公的な救助活動によって助けられた公助は約5％にすぎませんでした。公的な救助活動には限界があり、市民の方々には、自分の命は自分で守るという意識を強く持っていただかなければならないと考えます。

しかしながら、やはり行政にとりまして最大の重要な使命は、住民の生命と財産を守ることであるとも考えます。そのために泉佐野市の防災力を高めていくことは重大な課題であります。泉佐野市は地域防災計画を策定し、大規模災害時への対応を整備しています。しかし、これからは、さらに防災力を高めるための取り組みをおこなっていかなければなりません。阪神淡路大震災のときに、地震直後、消防署などの救助活動がおこなわれるまでの間に、火災に対する初期消火、建物などの下敷きになった人々の救出、けが人の救護などに活躍したのが、地域住民の方々が自治会などを単位として結成した自主防災組織でした。

しかし、泉佐野市の自主防災組織の結成は80町会中わずか11団体、18町会に留まっております。泉佐野市の共助を高めるためにも、自主防災組織の結成率を高めるために、行政側からの啓発活動や支援体制の拡充をしていかなければなりません。数年前まで、泉佐野市では大規模な総合防災訓練がおこなわれていました。5つある中学校区を順番に回っていましたので、地域住民への防災訓練の機会は5年に一度ということになっていました。

私は、中学校区で行われる大規模な総合防災訓練も必要だが、例えば毎年、小学校区ごとに小規模な防災訓練を実施する取り組みも必要ではないか、5年に一度だと、いざというときに対応ができないのではないかと、議会で何度も指摘しました。現在は、総合防災訓練が休止となった代わり、小規模な「草の根防災訓練」がおこなわれるようになりましたが、なかなか全市的な広がりを見せていないのが現状だと思います。草の根防災訓練の普及活動も今後は進めていかなければならない課題であるというふうに考えます。

また、災害発生時には、飲料水や食料、生活必需品の確保を図らなければなりません。泉佐野市は大阪府と連携をしながら物資の供給体制を整備しておりますが、公的に備蓄されている物資が現時点では、まだまだ十分な状況ではないと考えます。市内民間事業所と防災協定を結びながら、緊急時における物資の確保体制を再構築する必要があります。

そして、災害発生時には地方自治体は災害対策本部を設置しますが、情報の錯綜などが起こり、指揮系統の混乱が生じるおそれがあります。災害発生時には自衛隊や警察との連携が不可欠ですが、今回の大地震におきましても、ある自治体の災害対策本部におきましては、警察や自衛隊が入った中で怒号が飛び交うなどの指揮系統の乱れが生じたと伺っております。常日頃からの連携なしでは、災害発生時に、いきなり連携などできるわけがありません。

災害が発生したケースを想定した中での公的機関側の連携も、今まで以上に深めていかなければなりません。もちろん、ハード面からの公共施設の耐震化は、前倒ししてでも取り組まなければならないことです。とりわけ学校教育施設の耐震化は引き続き進めていくのは当然として、避難所となる施設の改善も必要であり、また進めていくスピードも、先ほども申し上げましたように、早めていかなければならないと考えます。

以上のような取り組みが、泉佐野市の防災力を高めていく基本的な事柄であるというふうに考えます。今回の大地震が起こってからおこなわれました市内のある町の防災訓練におきましては、それまでと比較にならないぐらい多数の住民が参加をしたと伺っております。以前からも、近い将来起こるであろうと言われている、東南海・南海大地震への対応に関しましては、市民からの声として関心や要望が強いものでありました。これからは、さらに防災に対して住民から寄せられる要望は高まっていくと考えます。

このような住民要望の高い施策について、とりわけ市民の生命と財産に関わる施策については、泉佐野市は財政状況を理由にして据え置くのではなく、しっかりと行政としての責任感を持って対応していかなければならないと考えます。

市議会議員を務めさせていただきました11年間を振り返ってみますと、市民の方々から本当に、様々なお声や要望を賜ってまいりました。しかしながら、厳しい財政状況の中で実現に移すことができなかった多くの事柄が山積しております。

先ほども申し上げましたように、学校施設の耐震化は、今年度、23年度予算におきましても、長南小学校、長坂小学校の耐震化施設改善の予算が盛り込まれてはおりますが、全ての小・中学校に至るまではおこなっておりません。中学校給食もしかりでございます。乳幼児医療費助成制度の拡充も先送りをされました。

去る2月19日に、新田谷市長は大阪府議会議員への出馬ということで辞表を提出され、4月1日付をもって辞職されます。そして、泉佐野市では4月17日告示、24日投開票という日程で市長選挙がおこなわれます。私、千代松大耕は、人生経験がまだまだ浅い若輩者ではございますが、この泉佐野市を必ず立て直していくんだ、この愛すべきふるさとを絶対に守り抜いていくんだという強い意志とともに、11年間、市議会議員としていただいてきた市民の方々からのお声や要望を、より「かたち」に変えていくために、ふるさとへの希望や夢を、より現実に移していくために、素晴らしい可能性を持つ泉佐野市というまちを、どこのまちにも負けない一番のまちにしていくために、そして10万人市民すべてが笑顔で暮らしていける泉佐野市を築いていくために、4月におこなわれる泉佐野市長選挙に立候補をすることをここに表明いたします。議会、理事者、職員のみなさまにおかれましては、ご理解のほどをよろしくお願い申し上げます……」

と、本会議場で市長選挙への出馬表明をし、その後に、記者会見でマスコミ発表をしました。他の陣営は、すでに記者会見し、新聞報道もされていましたが、私は11年間、一般質問を積み重ねてきた私にとっての「フォロ・ロマーノ」である泉佐野市議会の本会議場で、「まず正式な出馬表明をしてから」という、私なりの拘《こだわ》りがありました。

駅頭配布・メルマガ・青年会議所

市長選挙出馬に至るまでの話で少し触れましたが、ここでは「駅頭配布」、「メルマガ」、「青年会議所」の内容を紹介します。

私は市議会議員に当選する前、京都市にある株式会社堀場製作所という会社で、わずかの期間でありますが勤めていました。エンジン計測海外営業部アジアチームという部署に配属になりました。堀場製作所の主力製品である排ガス測定器「ＭＥＸＡ」を扱うチームです。

新入社員の見習いでしたが、きちんと給料をいただき、大きな仕事を任されていたわけではありませんが、きちんと上司に仕事内容を報告していました。上司に仕事内容を報告することは、堀場だけでなく、どの企業でも当たり前のことでしょう。

市民が納めた税金から議員報酬をいただく私にとっては、市民に仕事内容を報告することは、議員の仕事である前に、議員としての義務だと思っていました。初当選後の平成12年4月に「まちのスケッチブックＶｏｌ．１」を発行し、泉佐野市内の各駅頭での配布をスタートしました。最新号は、「Ｖｏｌ．90」で、発行部数累計は１３０万８０００部となりました。

市長に就任以降は、「まちのスケッチブック（以下：まちスケ）」発行ペースはかなり落ちていますが、市議会議員のときは、定例議会が終わるごとに必ず発行していましたし、それを持って各駅頭での配布を続けていました。

泉佐野市内には、私鉄の南海本線で、泉佐野駅、羽倉崎駅、井原里駅、鶴原駅の４駅があります。またＪＲの阪和線で、日根野駅、東佐野駅、長滝駅の３駅があります。南海、ＪＲが乗り入れる、りんくうタウン駅、そしてお隣の熊取町にあるＪＲ熊取駅の合計９駅が、早朝からの「まちスケ」配布をしていた駅です。

乗降客数が多い、泉佐野駅や日根野駅では、私1人で全ての乗降客に手渡しすることは、とても不可能なので、友達や後援会メンバーに手伝ってもらうことが多くありました。しかし回数を重ねるごとに、「駅に向かう人の流れ」を把握し、出入口や立つ場所を1日ごとに変えることで、なるべく1人で配布するようにしました。配布する場所の合計が21か所なので、「まちスケ」を1回発行したら、約1か月間は同じ「まちスケ」で駅頭配布が続くようになりました。

メールマガジン「千代松大耕のニュースレター」は、平成17年5月2日に第1号を発行しました。泉佐野市政や議会の情報、そして視察の報告や政治に対する考え方など、メールを通じて発信するために「まぐまぐ」を使って開始しました。

記念すべき第１００号を迎えたのが平成17年9月20日、そして第１０００号を迎えたのが、市長就任後の平成23年9月29日でした。初刊から15年後の令和2年5月2日では、第３７８８号となっています。

「千代松大耕のニュースレターVol．９３６」は、初めての市長選挙の告示日前日に配信したものです。この当時は、選挙期間中の、インターネットやＳＮＳでの発信は、まだ解禁になっていませんでした。

＝＝～10万人の笑顔大作戦～＝＝＝＝＝＝＝＝＝＝＝＝＝＝＝＝＝＝＝＝＝＝
千代松大耕のニュースレターVol．936（2011／04／16）
＝＝＝＝＝＝＝＝＝＝＝＝＝＝＝＝＝＝＝＝＝＝＝＝＝＝＝＝＝＝＝＝＝＝

『泉佐野市長選挙』

いよいよ明日から泉佐野市長選挙が始まります。明日からこのニュースレターの配信もブログの更新も選挙期間中ということで休止させていただきます。

明日、市役所に立候補届けを提出した時点で、自動的に市議会議員職は失職となります。11年間、多くの市民の方々のご支援のもとで市議会議員を務めさせていただくことができました。心から御礼を申し上げますとともに、4期目の議席に関しましては昨年の5月にいただいたばかりであります。その議席をわずか一年足らずで辞することを深くお詫びを申し上げます。

しかし私には、今やらなければならないことがあります。ズルズルと泥沼にはまり込んでいくような泉佐野市を誰かが救わなければなりません。10万人市民を路頭に迷わすようなことがあってはなりません。

私ならできる、私なら建て直すことができる、私なら泉佐野市を蘇らすことができる、10万市民の笑顔を支えていくのは私しかいない、今は揺るぎない信念とともに明日からの選挙戦にのぞんでまいります。

「お金がない」という一言で行政としての責任を放棄するのではなく、しっかりと責任を全うすることができる「力強い泉佐野」に再生していかなければなりません。
明日からの選挙戦では、最後の最後まで、私の想いを市民の方々に強く訴えてまいります。
今まで生きてきた全てを明日からの選挙戦にぶつけてまいります。

＝＝＝＝＝＝＝＝＝＝＝＝＝＝＝＝＝＝＝＝＝＝

「自分ならできる」、「自分がやるしかない」と、自らを奮い立たせ、迷いを断ち切り、不退転の覚悟を固めて、大きな戦いにのぞんだ心境を読み取っていただけるでしょうか。このような熱い想いの号は、正直申し上げて、そんなに多くありません。普段は、淡々と配信を積み重ねています。

当初は、パソコンのメールアドレスに送信する「メルマガ」だけでしたが、「携帯メールマガジン」、「ブログ」、「フェイスブック」、「ツイッター」とツールは増えていきました。ツイッターは文字数の制限がありますので、内容を端折っての投稿になりますが、それ以外は「千代松大耕のニュースレター」と同じ内容で、携帯メルマガ、ブログ、フェイスブックにアップしています。

市議会議員のときは、週に3～4回の割合で、細目《こまめ》に発行していましたが、市長就任1年目で、年間１２０回ぐらいの発行になりました。２年目（平成24年）の4月1日から年末の12月31日までに、約60回と、発行回数がさらに落ちていましたので、「これではダメだ」と一念発起し、平成25年の年明けから、毎日発行するように決めました。

どんなに忙しい日でも、どんなに時間がなくても、どんなにお酒を飲んだ後でも、毎日、毎日、発行しました。長期出張や、出張が連続するときなどは「タイマー予約」のシステムを活用して、毎日届くようにしています。市議会議員のときは、朝の駅頭配布をほぼ毎日おこなっていましたが、市長になり、朝の駅頭配布があまりできなくなったかわりに、「ニュースレター」を日課として続けています。

この本の執筆に際しては、「まちのスケッチブック」、「ニュースレター」から、多くの文章を引用しています。手前みそではありますが、市民への説明責任を果たすために、きちんと書き綴ってきましたので、それが執筆にはとても役に立ちました。

泉佐野ＪＣに入会したのは、市議会議員に初当選した直後の平成12年3月でした。泉佐野ＪＣは民間団体として、初めて「関西国際空港の誘致」に積極的に取り組んだ団体でしたので、入会の条件が「関空に反対していないこと」でした。

入会当初から、どっぷりとＪＣ活動に勤しんだわけでなく、平成15年にまちづくり委員会の田村博委員長のもとで、市町村合併の推進運動などを経て、初めて委員長に就任したのが平成16年でした。第47代の角竜一理事長、鈴木一専務理事のもと、「会員開発委員長」を務めました。担当した10月例会では、「１００％例会」を達成しました。

その後、平成17年には第48代の射手矢康之理事長、大工裕一郎専務理事のもと事務局長を、平成18年には山下潤一郎理事長、今西弘行専務理事のときに監事を務め、平成19年に第50代の脇田拓也理事長のもとで専務理事と50周年実行委員長を務めました。この年の大阪ブロック協議会の会長は、現在、「日本維新の会」の遠藤敬衆議院議員でした。大納会で、遠藤会長から大阪ブロック協議会の「最優秀事業賞」を泉佐野ＪＣがいただきました。

そして平成20年に、第51代理事長に就任しました。泉州地域の同期の理事長には、後に、堺市議会議員になる堺高石ＪＣの的場慎一理事長、和泉市議会議員になる和泉ＪＣの坂本健治理事長がいました。全国のＪＣメンバーに送付される「We Believe」という雑誌があります。その中の特集記事で、各ＪＣを紹介してくれるコーナーがあり、私が理事長を務めた平成20年の３月号は、泉佐野ＪＣに順番が回ってきました。

その年の紹介方法は、現役理事長と歴代理事長の対談形式でしたので、私は泉佐野ＪＣの歴代理事長である新田谷市長にお願いして対談しました。ちなみに向江昇元市長も泉佐野ＪＣのＯＢで、泉佐野市では３代続けて、泉佐野ＪＣ出身者が市長になっています。

対談では「夢について」語る部分があり、私は、

「関西国際空港の対岸都市として、また世界の玄関口として、訪れた世界各国の方々と様々な交流を地域でおこなっていくという活動は現在盛んになってきている。またそういった団体さんが多く立ち上がっている。しかしこの地域の住民が、関西国際空港を通じて世界に羽ばたいていく、世界という舞台で活躍していくというところでは、まだまだそれだけの国際性が高まっていないと感じている。せっかく沖合に国際空港があるのだから、この地域の住民がもっとこの国際空港を利用して世界で活躍していくような、ひとづくり、まちづくりが実現できたらいいなと思う」

と述べました。もちろん、この夢を今も追い求めています。

泉佐野市では、向江市長のとき、平成10年度に策定した第3次総合計画で、まちの将来像を「ひとが集い　まちが輝く　世界の迎都・泉佐野」としました。新田谷市長のとき、平成20年度に策定した第4次総合計画では「にぎわいと歴史ある迎都　泉佐野―ひとを育み　ひとにやさしく―」としました。

私が市長になり、平成30年度に策定した第5次総合計画では「世界に羽ばたく国際都市　泉佐野―ひとを支え　ひとを創り　賑わいを創る―」としました。まちの将来像を決めるときに、

「迎都《げいと》を採用しないのか？　激しくドンパチした先々代と先代だけど、迎都だけはしっかりと継承してきたぞ」

と担当職員に、たずねました。

「関空を通じて訪れる海外からの人々を迎えるだけでなく、泉佐野市民が関空を通じて大きく世界へ羽ばたこうという意味合いも込めて国際都市の文言を採用します。市長がいつも言っていることじゃないですか」

との返答があり、大変恐縮ながら長年親しんだ「迎都《げいと》」を脱却し、「国際都市」を採用することにしました。

泉佐野ＪＣでは、平成12年3月に、杉岡繁昭先輩と熊取谷和巳先輩の紹介で、新入会員予定者となり、3回の例会出席を経て、6月に正会員となって、第42代の腕野幸博理事長から「入会認定

証」をいただきました。

平成20年に第51代の理事長となり、全てのメンバーにお世話になりました。とりわけ、私が専務理事のときに事務局長を、私が理事長のときに専務理事を務めてくれた、久保奥功先輩には大変お世話になりました。

そして平成25年12月に、第56代の中野智啓理事長から「卒業証書」をいただきました。約14年間のＪＣで、何ものにも代えがたい、そしてウワベだけでない、どっぷりとした人間関係をいただき、それが人生の宝物になっています。

第3章

財政健全化団体脱却

大阪都構想とダブル選挙

平成31年4月の統一地方選挙では、大阪府知事選挙、大阪市長選挙のダブル選挙（出直しクロス選挙）で、大阪維新の会の松井一郎候補、吉村洋文候補が圧勝し、また大阪府議会、大阪市会でも大阪維新の会が議席数を大幅に伸ばして、大阪都構想の実現に弾みがつきました。

ここでは、平成31年のダブル選挙、また平成27年の大阪府知事選挙に、現職の松井知事、大阪市長選挙に新人の吉村候補が勝利したダブル選挙でもなく、私が市長に就任した年、平成23年の秋におこなわれた大阪府知事選挙と大阪市長選挙の「ダブル選挙」のことを、泉佐野市の財政健全化団体脱却とは直接的に関係のないことですが、少しだけ書かせていただきます。

平成22年1月に橋下徹大阪府知事が「大阪都構想」を発表し、平成22年4月19日に地域政党「大阪維新の会」が結成されました。そして「平成23年春の陣」と呼ばれた統一地方選挙の前半で、大阪維新の会は躍進し、大阪府議会では単独過半数、大阪市会では第一党になりました。

僭越ながら、大阪都構想を簡単にまとめれば、「広域自治体と基礎自治体の役割分担を明確にし、大阪府と大阪市が担っている広域機能を一元化する」、「自治機能の充実の観点から、大阪市を特別区に再編し、基礎自治体として公選区長・公選区議会を設ける」とされています。

また、その次の段階として、「府内市町村について、分権時代にふさわしい基礎自治体としての役割を果たせるように市町村間の広域連携、自主的な合併による規模・体制の充実を図る」、「最終的には地域主権型道州制としての関西州をめざす」とされています。

この「大阪都構想」の第一段階における「府・市の広域機能の一元化」、「大阪市の解体・再編」をめぐって、橋下知事と大阪市の平松邦夫市長（当時）との対立が激化しました。平成23年11月27日（日）実施の大阪市長選挙に橋下知事が出馬する可能性が高まっていたときに、大阪府内の43首長のうち、35名が連判状をつくり、「休戦を」と仲裁の場として、橋下知事と平松市長が参加する公開討論会を設定しました。結局、この討論会は開催されませんでしたが、35名の首長には私も入っていました。

その後、仲裁役に奔走していた大阪府市長会の前会長であった池田市の倉田薫市長が、数名の首長から推され、大阪府知事選挙に出馬か、という話が沸き上がってきました。倉田市長は、府内43首長のうち、3分の2以上、28名以上の賛同署名が集まれば出馬する意向を示しました。ある首長から電話で賛同署名の依頼がありましたが、このときは断りました。私自身が「大阪都構想」に賛成の立場で、大阪維新の会が擁立する松井一郎候補の応援を決めていたからでした。

「平成23年秋の陣」と呼ばれた選挙が告示され、大阪府知事選挙は、大阪維新の会の松井一郎候補、首長連合が支援する倉田薫候補の戦い、大阪市長選挙は、大阪維新の会の橋下徹候補、現職の平松邦夫候補の戦いとなりました。

各新聞社からは、大阪市以外の大阪府内42首長に対して、「大阪都構想に賛成か、反対か」といったアンケートや、どちらの陣営に檄文《げきぶん》、いわゆる「祈必勝」を送ったのか、という問い合わせがありました。私は「大規模な改革で真の地方分権社会を到来させなければならない」と答え、大阪都構想には賛成、檄文は松井候補と橋下候補にだけ送りました。両陣営に送った首長もいましたが。

出馬に至る経過で、倉田市長が府内の首長の賛同署名を集めましたので、なぜか「首長争奪戦」との一面も出て、首長の一人からすれば、少し違和感のあった「ダブル選挙」でしたが、首長を多く集めるよりも、やはり足腰の強い、大阪維新の会議員団に支えられたことと、現状を打破したいという大阪府民の選択で、結果はご存知のとおり、松井候補、橋下候補の圧勝でした。

ダブル選挙が終わり、12月に入ってから、泉佐野市役所に橋下徹市長（まだ就任前でした）から電話が入りました。内容は、

「大阪市内の24区全てで、区長を公募する。大阪市政改革の柱になる施策で、是非、その区長公募の選考委員になってほしい」

という依頼でした。基礎的自治体の首長という観点から、選考委員に入ってほしいとのことで、おこがましいとは思いましたが、私自身の学びにもなると考え、お受けしました。

全国から1461名もの応募があり、大阪市の局長級の書類選考を経て、面接前の論文審査から選考委員として加わりました。論文審査では118人まで絞り込み、外部有識者による採用チームの面接で、さらに絞り込まれた人たちが最終面接に進みました。

そして、最終面接の面接官は、橋下市長と横浜市の前市長であり、大阪市特別顧問の中田宏氏、

大阪市の村上龍一副市長（当時）と私の４名でした。

最終面接は、いきなり橋下市長の、

「明日から区長になったとしたら、まず何を手掛けますか？」

という質問から始まりました。また中田顧問からは、

「あなたの国家観は？」

みたいな質問までありました（笑）。

面接室に入ると、テレビで見ている橋下市長や中田顧問が正面に座っていて、そのような質問が、次から次に飛び出してくるわけですから、もし私なら緊張のあまり十分な回答はできないだろう、などと思いながら選考委員として座っていました。

しかしさすがは最終面接まで残る人たちでしたので、そのような質問にも臆せず堂々と答える人が大半でした。逆に「下手な質問はできない」と、私が緊張をしたぐらいでした。そして最終選考で合格された人たちの名前が、平成24年６月21日（木）に発表になりました。首長経験者、商社マン、ＮＨＫの記者、関西電力社員など外部から18人、内部から６名の24区長が決まりました。

公募区長の選考委員として関わった期間、よく「大阪維新の会政治塾」の面接委員に間違われました。その他にも、ある泉佐野市議会の元議員から、私自身が公募区長に応募したように勘違いされて、「千代松君、泉佐野市を見捨てるのか！」と電話がかかってきたことがありました（笑）。

橋下市長、中田顧問とは公募区長の選考だけでなく、地方行政や自治体改革についても、親しく

意見交換ができ、とても貴重な数日間であったと感じています。中田顧問が
「橋下市長の改革は本物だ」

と言われていたのを鮮明に覚えています。

また、橋下市長からは、「ポテトチップスのコンソメ味を牛乳に浸して、コーンフレークみたいに食べる」のが、小さいころからの好物だと聞きました。その日、早速、家に帰ってから試してみました。確かに美味しいのですが、あまりの高カロリーに、二度目はありませんでした（笑）。

公募区長の選考委員を受けるに際し、私としては泉佐野市に「何か一つでも、プラスになることを持ち帰ることができたら」との思いがありました。大阪市内では、特定のエリア内から参加店舗を募って、一定期間の特別メニューを食べ歩く「バル」というイベントが先進的に各地で開催されていました。この「バル」を参考にして、泉佐野市でも平成25年から開催するようになりました。それは現在も「泉佐野長者バル」として、多くの人たちに親しまれています。

究極の行財政改革

平成30年3月議会において、「チーム泉佐野創生」代表、大和屋貴彦議員からの市町村合併に関する質問に対し、私は、

「今回、南大阪創生を掲げられていますが、南大阪の枠組みは、どこからどこまでと議論が出てこようかと思います。合併を進めるに際しては、私は前回の合併協議のときに、新市名称庁舎検討小委員会に入っていまして、新市の名称を決めるに際して、一番、住民アンケートで多かったのが『南大阪市』でしたが、異を唱える議員がいて、合併の枠組みでは、確かに大阪の南部だけれども、どちらかというと西部だと、西大阪とちがうのかと、そんな議論になり、結果として2番目に多かった『南泉州市』が採用されました。

そういう中で、南大阪創生の合併協議ですが、泉佐野市の特別顧問である中尾清先生がよく言われていますけれども、堺から岬町までは、人口にすれば神戸市より大きくなると、だから泉州地域はすごいポテンシャルのあるエリアだと、よく言われております。

泉州は一つと、青年会議所活動をしていたときから、泉州地域の合同例会での、掛け声を泉州は一つと言っていましたが、やっぱり泉州は一つずつ、というような揶揄もございました。やはりダイナミックなまちづくりを進める上では、合併が最大の効果的な方法ではないのか、と思っています。

前回の合併協議は、泉佐野以南3市2町の合併協議でしたが、そのときの合併は、合併特例債の期限、その他の特例措置の期限が２００５年の3月に迫っていましたので、エイヤーで、合併協議を始めた一面があったと考えています。合併協議を進めていく中で、阪南市さん、泉南市さん、田尻町さん、岬町さんが住民投票を実施すると決定しましたが、泉佐野市は実施いたしませんでした。

住民投票の前に、青年会議所で市町村合併に関してのアンケート調査をおこないまして、人口1％の回答を集めようと、泉佐野市でしたら1000人、泉南市で600人、阪南市で500人と、かなり大規模なアンケートを実施しました。

アンケート結果は、消極的な賛成も含めてですけれども、泉南市で約6割が賛成、阪南市で約6割が賛成、岬町で約8割が賛成でした。泉佐野市は約7割が賛成という結果でした。

しかし、実際の住民投票では、賛成票がかなり低い結果となりました。住民投票では、わざわざ投票に行く人たちは、反対意見の方が比較的多く、それが結果となり出てきたと思っています。そのことも踏まえて、本当に合併に向けて住民の意見を調査するのであるならば、全戸住民アンケート調査をした方がいいと、言われているところもあります。

ただ、合併に関しては、相手あってこそ、ですので、以前は合併に前向きであった泉南市の向井市長さんに声かけをさせていただきました。残念ながら向井市長さんは引退されましたので、現在、合併に関しての話し合いを進めている首長さんはいませんけれども、機運が高まったときにはいつでも、議会のご判断をいただきながら、合併協議を進めていく必要を考えています。

今後、少子高齢化社会がますます進んでいく中において、社会保障費も大きくなっている状況で、今まで以上に住民の方々から、高度な多岐にわたる住民サービスを要求されてくる時代においては、非常に難しい時代がやってこようかと思います。

そのような中では、やはり究極の行財政改革は合併である、と私自身は信じていますし、大阪維新の会の言葉を借りたら、公に資する人間が、まず身を切る改革をやっていくことが大事だと思っています。大阪都構想の大阪市の分割が終われば、周辺自治体の再編を掲げているところが、大阪都構想には、賛成の立場を貫いてきた理由の一つでもあります。

やはり今後は、以前の合併協議は特例措置の期限に合わせて入ったところがありましたので、本当に合併を見据えて、どんな自治体になるという青写真を市民の方々にしっかりと示しながら、住民全員の意見を聞くアンケート調査をおこなって、それで賛成が多かったら合併の議決をいただく議案を上程すればいい、という考えをもっています。

合併協議の話がありましたら、泉佐野市としては、いつでもそのテーブルに上がらせていただくと思っていますので、よろしくお願いいたします」

と答弁しました。

また令和元年６月議会の施政に関する基本方針への「チーム泉佐野創生」代表、野口新一議員からの市町村合併に関する質問に対し、私は、

「私が市長に就任してからも合併に関しては、いろいろな打診をしてきました。平成24年に

は、私が大阪市の区長公募の選考委員を務めていましたので、当時の大阪市の橋下市長さんに、泉佐野市と大阪市の飛び地合併はどうか、と打診をさせていただきました。

平成25年には、私が議員のときから合併協議会の中で、隣の泉南市の向井市長さんは合併については、とても前向きだと感じていましたので、合併はどうですか、と打診をさせていただきました。

当時、泉佐野市が財政健全化団体であった中で、泉南市の住民の理解を得ることが難しいと返されましたので、泉佐野市は、平成25年度の決算をもって財政健全化団体から抜ける予定です、平成25年度の決算が平成26年度中に議会で認定をいただけたら、そのときはお願いしますと。平成26年5月の泉南市長選挙に、向井市長さんが出馬しなかったので、泉南市さんとの話は止まったままですけれども。合併は相手があってこそ進められます。泉佐野市は、財政健全化団体から脱却をして、長年の課題でもあった近隣の市や町より遅れていた行政サービスを、同じ水準まで引き上げることができていますので、機は熟してきていると考えています。

広域行政を進めるのは、もちろん必要でありますが、例えば、泉州南消防組合の負担金の見直しについては、泉佐野市を含め、3市3町で5年をめどに負担金を見直していく議論を積み重ねてきました。どこの自治体も、できるだけ支出する金額を抑えたい、できるだけ負担が大きくなるのを抑えたいのは当然のことで、この議論でかなりの回数、20回ぐらい重ねたと聞いています。これが1回につき、2時間の会議だとしても、かなりの労力がこの議論に費やされてきたわけです。これが一つの自治体であったらその時間も要らなかったと、その時間をより住民サービスに回すことができると、つくづく思ったところであります。

あわせて広域に関しては、泉佐野市と田尻町では、共同でコミュニティバスを運行していますが、これについては、泉佐野市のコミュニティバスと同じ、料金無料でスタートしたわけです。これが熊取町さんと広域で走らすとなりますと、熊取町さんは料金を１００円取っておりますので、料金をどうするのかといった議論から入らなければなりません。広域で進める難しい点であります。そのような中、究極の行財政改革であり、究極の広域連携、広域行政であるのは、市町村合併です。

最適規模の議論はありますが、とにかく話に乗ってもらえる自治体があれば、もともと3市2町の合併協議に入ったときは、泉南、阪南、岬でまず2市1町で進めていた合併協議に、泉佐野市と田尻町が加わった経緯がありましたので、この指とまれ方式で、協議に入りたい自治体は入っていい、協議から抜けたい自治体が出てきたら、抜けたらいいという柔軟な合併協議ができたらと考えています」

と答弁しました。ここでの答弁内容は、泉州弁を修正し、話し言葉を読みやすいように文章化し、若干の補足も加えましたので、正式な議事録とは異なるところがありますが、私の市町村合併への想いは、この二つの答弁に集約されています。

市町村合併に対する想いは、市議会議員のときから強くあり、平成12年9月、平成13年6月、平成14年9月、平成15年3月、平成19年6月と、5度にわたって、一般質問で取り上げました。また泉佐野市、泉南市、阪南市、田尻町、岬町の3市2町による「泉州南合併協議会」には、泉佐野市議会からの代表として、1年目は市町村合併検討委員長で、2年目は副議長で、委員に入りました。

少子高齢化が急速に進む日本では、団塊の世代が75歳を超える2025年を境に、さらに社会保障費が増大することになります。また、労働人口の減少で国全体の税収が減少し、それが地方交付税の減少につながるので、全国の地方自治体の財政は、支出の増大と収入の減少という両面から、さらに硬直化していきます。今からしっかりと10年後に到来する人口減少・超高齢化社会を見据えて、その対策を講じていかなければなりません。

一方で、住民から寄せられる行政サービスのニーズは、社会が複雑化、高度化する中で、ますます多岐にわたっています。このニーズに対し、「お金がない」、「財政が厳しい」と逃げてしまう政治家はいりません。知恵を結集して事業を進めていく、住民のニーズを少しずつでも「かたち」に変えていく、それが政治家の務めではないでしょうか。

地方自治法第2条第14項には、「地方公共団体は、その事務を処理するに当たっては、住民の福祉の増進に努めるとともに、最少の経費で最大の効果を挙げるようにしなければならない」とあります。行政の最大の効率化であり、究極の行財政改革である市町村合併は、「最小の経費で最大の効果を挙げる」ためには、絶対に避けては通れない議論だと考えます。

とりわけ大阪府内は、「平成の大合併」で、堺市と美原町以外の合併は実現せず、現在も43市町村が存在します。大阪府は、関西国際空港が建設されるまでは、都道府県の中で一番面積が小さい広域自治体でした。現在は香川県に次いで2番目となっていますが、それでも43の市町村がある状態は、交通手段の発達によって、人の動きが広域化した時代に即しているかと言えば、かなり効率的ではないと考えます。

このことがいずれ、大阪の発展に及ぼすマイナス影響が大きくなると私は思います。大阪都構想の第二段階は周辺自治体の再編が盛り込まれています。それを待つまでもなく、将来を見据えた「合併の協議」の必要が差し迫っているのではないかと考えるのです。

ふるさと納税日本一

泉佐野市は「ふるさと納税」のおかげで、財政健全化団体から脱却できた、と思われている方がとても多くいます。「ふるさと納税」が財政健全化団体脱却に与えた影響は、実は大きくありませんでした。しかし、日本一にまでなった「ふるさと納税」については、少し触れておきたいと思います。

「ふるさと納税制度」は、平成20年度からスタートしました。私が市長に就任した平成23年度は、年間６３６万円と、それまでの3年間より低い額で、過去最低額でした。

当時、泉佐野市へのふるさと納税の寄付者は、泉佐野市の職員が多数を占めていました。新田谷市長が職員に広く呼び掛けて、泉佐野市へのふるさと納税を募っていました。私が就任した年には、職員給料カットが要因となり、一気に寄付額が減りました。返礼品も「泉州タオル」だけでしたし、ワンストップ特例制度もなく、「ふるさと納税」をするのに、わざわざ確定申告までして、減らされた給料から税の前払いをするのが嫌だったのでしょう。

平成24年度から、阪上博則係長（当時）をふるさと納税の担当にしました。5年後に彼をリーダーにしたチームが、泉佐野市のふるさと納税を日本一に押し上げることになりますが、このときは誰もそんなことを予想していませんでした。複数の返礼品から選択できる仕組みを導入し、それまでの「泉州タオル」のみの1品から、13品まで返礼品を増やしました。それが功を奏して、約3倍の1902万円と、過去最高額を一気に更新しました。

このころから、私も名刺交換をした相手先に、泉佐野市のふるさと納税パンフレットをあいさつ状とともに送付し、泉佐野市へのふるさと納税を依頼するなどの地道な取り組みを始めました。

平成25年度はさらに返礼品を強化し、4604万円となりました。この年に二つの転機となるきっかけがありました。担当の阪上係長が、ある女性を泉佐野市役所に連れてきました。その女性こそ、「日経WOMANウーマン・オブ・ザ・イヤー2016」大賞を受賞した「ふるさとチョイス」を運営する（株）トラストバンクの須永珠代氏でした。

ご存知のとおり、「ふるさとチョイス」は、ふるさと納税業界を代表するポータルサイトですが、当時は、市場規模もまだまだ大きくなく、「ふるさとチョイス」は返礼品情報を取りまとめて発信し、主な収入源が広告料であるサイトでした。

「トラストバンクさんにお願いすれば、１億円に到達しますか？」

具体的な額を上げて、須永社長（当時）に質問しました。それぐらいは余裕だ、みたいな表情の須永社長に、

「本当ですか？　もしも1億円に到達したら、寄付額の10％を成果報酬としてお支払いしますよ」

と冗談ではなく、本気でお願いしたところ、須永社長は、

「1億円に到着しなかったら、1円もいりません」

と自身満々な返答でした。ついつい私も嬉しくなり、

「ありがとうございます。万が一、泉佐野市への寄付額が日本一になりましたら、成果報酬は20％お支払いします」

このように、泉佐野市はトラストバンクと成果報酬最大20％の委託を契約しました。トラストバンクが包括的な連携支援をする初めての自治体が泉佐野市でした。ここからトラストバンクは、包括的に自治体を支援するプランを商品化し、多くの自治体から委託料を得ることで、企業として成長していったと聞いています。

もう一つがピーチ・アビエーションへの泉佐野市職員の出向でした。関西国際空港を拠点に、日本初の本格的なＬＣＣ（ローコストキャリア）「ピーチ・アビエーション」が、平成24年３月１日

に就航しました。このピーチ社に、職員1名を平成26年度から出向させることが決まりました。

JALやANAなど、従来からのフルサービスキャリアと比較して、破格の料金設定で、「空飛ぶ電車」と言われるピーチの出現は、間違いなく関空の起爆剤になると思いました。ピーチと関空から、ヒト・モノ・カネを泉佐野市に呼び込む仕掛けを作りたい、と考えていました。ピーチ井上慎一CEO（当時）は、とても気さくな人で、何度か〝飲みにケーション〟を取っていましたので、職員の出向を打診したら、スムーズに受け入れてくれました。

この初代ピーチ出向者（現在は3代目）が、ふるさと納税を担当していた阪上博則主幹（当時）でした。実は、彼を平成24年1月から平成24年3月までの3か月間でしたが、泉佐野市から東日本大震災の被災地、岩手県大船渡市へ派遣したことがありました。災害発生直後の短期的な職員派遣を除けば、泉佐野市としては、初めての災害派遣でありました。このように、彼は過去に泉佐野市職員が経験したことがない仕事、未知の分野でも怯まず、積極的に取り組む前向きさを常に持っています。

そして平成26年度から、ふるさと納税の担当になったのが、今西紀彰主幹（当時）でした。ピーチに出向した阪上と、後任の今西の連携によって、「ピーチポイント」が泉佐野市の返礼品に導入されることになりました。航空会社の航空券と交換できるポイントを返礼品に加えたのは、全国でも珍しい取り組みで、多くのメディアに取り上げられました。

このことで、泉佐野市のふるさと納税は、全国から注目されるようになりました。「ふるさとチョイス」、「ピーチポイント」の二つの転機と、ワンストップ特例制度の創設、控除額の上限が２割まで拡充された外的な後押しもあり、その年は一挙に、前年から10倍の４億６７５６万円まで伸びました。日本一には届きませんでしたが、須永社長が見せた余裕のとおり、１億円を大きく上回る結果になりました。

また、泉佐野市では、返礼品の弱点であったフルーツ類を強化させたいという目的があり、平成27年11月12日（木）に栃木県佐野市と「特産品相互取扱協定」を締結しました。

泉佐野市は、「佐野町」から、昭和23年４月１日に市制を施行したとき、当初の市名を「佐野市」としました。しかし栃木県に佐野市が５年前から存在したことを知り、冠に泉州の「泉」を付けて「泉佐野市」としました。

そのような歴史的なご縁と、三菱系のアウトレットが両市にあるというご縁もあり、「両市で交流をしていきましょう」と、佐野市の岡部正英市長と合意していました。そして、「特産品」に特化した協定を締結し、佐野市の「とちおとめ」を泉佐野市の返礼品にラインナップすることになりました。

お互いの特産品を地元の特産品と同様の扱いをしていく、この協定は、後に全国44都道府県47自治体まで拡大することになります。そして、平成27年度の寄付額は、前年から倍以上の11億５０８３万円で、近畿地方では２年連続の首位となりました。

平成28年度は、ピーチに２年間出向していた阪上参事（当時）が、ふるさと納税の担当に復帰し、代わりに今西参事がピーチに出向することになりました。また、木ノ元誠主幹（当時）が、ふるさと納税の担当に加わりました。泉佐野市のふるさと納税は、それまで、担当職員が一人でコツコツとこなす捌《さば》き方でしたが、前年度10億円を上回り、そのやり方にも限界が来ていました。

この年から、ふるさと納税をチームとして組織的にまわすようになり、平成28年度には34億８３２６万円となって、初めて全国でトップテンに入り、第8位になりました。そして平成29年度に塩見健主幹（当時）が加わって、泉佐野市のふるさと納税チームは、さらに組織的な強みを発揮しました。寄付額が１３５億３２５０万円となり、ついに泉佐野市は「ふるさと納税日本一」のまちになりました。このように「ふるさと納税日本一」に至るまでは、地道な取り組みとアイディアの積み重ねがあり、一足飛びに得られたものではありませんでした。

ふるさと納税の強化は、総務省の大きな方針でした。平成20年に創設されたふるさと納税ですが、創設から5年間はあまり注目されず、利用者も増加しませんでした。それが平成25年頃から民間ポータルサイトができ、急速に利用者が増えたことを契機にして、総務省は控除の上限額を2倍に、税控除の手続きを簡素化（ワンストップ特例制度）させるなどし、ブームを加速させようとしました。泉佐野市もその流れに乗り、さらに取り組みを強化しました。

ところが総務省のスタンスが急に変わりました。首都圏から多くの税が流出することに首都圏の自治体や国会議員から反発が出たからです。ふるさと納税の返礼品に対して、総務省は平成27年から毎年通知を出し、首都圏から流出する税を抑制するため、全国の自治体を押さえつけてきました。

その目的は、日本一になった自治体を押さえつけるのに主眼を置いたものと言っても過言ではありませんでした。

平成26年度にポイント制の仕組みを開発した長崎県平戸市が日本一になると「金銭類似性の高いもの」としてポイント制を不可とし、還元率が高い宮崎県都城市が2年連続日本一になると「返礼率を3割以下にするように」とし、多くのカテゴリーと返礼品数を有する泉佐野市が日本一になると「返礼品は地場産品に限る」としたように、ふるさと納税の拡大に急ブレーキをかけることを目的とした通知を出し続けてきました。

まるで「モグラたたき」のように、総務省は日本一になった自治体をハンマーでたたきつけてきました。さらに意に沿わない取り組みに対しては「身勝手な自治体」と、厳しく批判をしました。

最終的に、総務省は法改正で「ふるさと納税」の規制に踏み切りました。ふるさと納税の返礼品は「還元率3割以下」、「地場産品規制」が盛り込まれました。「還元率3割以下」については明確な根拠がなく、「地場産品規制」については、資源が豊富な自治体、そうでない自治体に格差が生じるため、公正で公平な環境が担保できないのは明らかでした。

このような身勝手な方針転換は、泉佐野市の担当職員や地元事業者の努力を踏みにじるものであり、泉佐野市は「東京での記者会見」などで総務省の方針に異を唱え、法改正が施行される最後までスタンスを変えずに抵抗を続けましたが、総務省は特別交付税を減額するなど、泉佐野市を全国の見せしめにしたあげく、令和元年6月の法改正施行後からは、ふるさと納税の対象自治体から外しました。

それを不服として、泉佐野市は総務省の第三者機関である「国地方係争処理委員会」に申立てをしました。「国地方係争処理委員会」が出した勧告は、泉佐野市の主張が概ね認められたものでしたが、総務省は、その勧告を無視して、泉佐野市の除外を継続しました。

従う必要のない「技術的助言」の通知に、従わなかった泉佐野市を総務省は非難しますが、平成12年の地方分権一括法（地方自治法第２５０条の７）で、国と地方は対等の象徴として設けられた「国地方係争処理委員会」の勧告を完全に無視した総務省の方が悪質です。

東京都の小池百合子知事は、ふるさと納税制度に随分以前から否定的で、新制度に東京都は参加していません。しかし、泉佐野市の除外継続という総務省の決定に、小池知事は「驚きを持って受け止めた」、「（法施行前のことを問題視し）遡及して物事を決めていくと行政が非常に不安定になる」、「自治体に様々な影響を及ぼす」と発言したぐらいでした。

泉佐野市は、やむを得ず、致し方なく、総務大臣を大阪高等裁判所に提訴しました。年が明けて、令和2年1月30日（木）に大阪高等裁判所で判決が言い渡されましたが、「原告の請求を棄却する」と泉佐野市の全面敗訴でありました。しかし、法律の専門家でない私でさえ、かなりの違和感を覚えた判決内容に、「今回の判決が全てではない」と信じ、最高裁判所に上告しました。

最高裁判所では、令和2年6月2日（火）に口頭弁論が開かれ、そして6月30日（火）に、判決が言い渡されました。結果は、「原判決を破棄する」、「泉佐野市に対して指定をしない決定（不指定）を取り消す」と泉佐野市の主張が全面的に認められた、逆転勝訴となりました。泉佐野市の勝訴に、元大阪府知事・元大阪市長の橋下徹氏は、

「千代松市長、泉佐野市役所職員、お見事。国は気に食わない地方に対して、権力を使って意地悪をすることはダメ」

と、ツイッターを更新されました。

令和元年６月から始まった、ふるさと納税の新制度では、総務大臣から「指定」をしてもらわなければ、制度に参加できません。翌日には、新制度のもとで、市町村の申請窓口となる大阪府に対して、松浪武久大阪府議会議員とともに要望活動をおこない、大阪府の吉村洋文知事から「最大限の協力をする」との言葉をいただきました。

また翌々日には、自由民主党の谷川とむ代議士に調整していただき、泉佐野市議会の向江英雄議長とともに、総務省の自治税務局長と面談し、「早期指定」に向けての要望活動をおこないました。関空開港からの泉佐野市の歴史を一通り、私から局長に対してお話しましたが、奇しくも関空関連事業が真っ只中のときの大阪府副知事が、谷川とむ代議士のお父さんである谷川秀善先生（元参議院議員・元外務副大臣）で、泉佐野市長が、向江英雄議長のお父さんである、向江昇元市長という運命のめぐり合わせが、その日はありました。

最終的には、除外されていた泉佐野市、和歌山県高野町、佐賀県みやき町の３市町（静岡県小山町は、さらに別の理由があり、手続きを踏めば指定すると総務省は発表しました）に、ふるさと納

税に指定するという通知が、7月3日（金）に出されました。最高裁判決から、わずか3日後でした。

新型コロナウィルス感染症による影響で、インバウンドが大きく減少し、関空に最も近いまちである泉佐野市は、ホテル事業者の倒産や撤退などで、とりわけ厳しい状況に立たされています。また「りんくう総合医療センター」は、新型コロナウィルス対応で、経営が悪化しています。泉佐野市は、ふるさと納税不指定と合わせて、3つの大きな苦難にさらされていました。

他の自治体では、ふるさと納税を活用し、新型コロナウィルス感染症の影響を受けている地元事業者や地域医療への支援などを実施されていますが、泉佐野市は、ふるさと納税不指定で、残念ながら実施できませんでした。

最高裁判決を受けて、泉佐野市は、総務大臣からふるさと納税の対象自治体に指定されました。コロナ禍で苦しむ地元事業者や地域医療の支援などに、ふるさと納税を活用できることを、とてもありがたく思います。「還元率3割以下」、「地場産品規制」の新制度でありますが、これまで培ってきたノウハウを活かし、全国からのご支援・ご期待に応えられるように、たゆまぬ努力を続けたいと考えています。

実は、「泉佐野市のふるさと納税の歴史」につきましては、現在、泉佐野市のふるさと納税チームが一冊の本に、詳しくまとめています。よって、私からはこの程度に留めておきます。その本の出版を楽しみにしておいてください（笑）。

財政健全化計画の短縮

私にとって、最後の市議会議員選挙になりました平成22年まで話を戻します。平成22年５月の選挙では、「財政健全化計画」が大きな争点になりました。選挙期間中に、ある高齢者から、「泉佐野市が、19年間かけて財政再建していくのは長すぎる。再建した頃には、もう俺らは生きていない。５年間ぐらいできちんと再建せい！」と叱られました。

夕張市の財政再建計画は18年間、泉佐野市の財政健全化計画は「19年間」。夕張市より長い期間に対して、納得しない市民は確かに多くいました。「19年間は長すぎる」という市民の声に対して、財政健全化計画に賛成した議員だからこそ、真摯に向き合う責任がありました。

ちなみに、この最後の市議会議員選挙から、選挙スタッフに小藪晋介さん、間陽祐くんが加わりました。そして、泉佐野ＪＣの木村先輩、久保奥先輩とともに、「泉佐野笑顔の会」の前身となる「ＣＡＣ（千代松アシストクラブ）」を立ち上げてくれました。また、今となっては市長選挙を取り仕切ってくれている池端一起さんや濱野繁春さんは、この選挙で「前回トップ当選の千代松に絶対勝つ」と他陣営で励まれていたそうです（笑）。

選挙後の平成22年６月議会において「財政健全化計画」について質問しました。

「選挙期間中に、これからの泉佐野市は、どのようになるのか、財政は大丈夫か、倒産してしまうのかなど、財政健全化計画に対して市民の方々から、様々なお声や問いかけをいただきました。

私はこの財政健全化計画に対して、賛成した議員として、賛成したからこそ、全ての計画項目を鵜呑みにして、そのまま実行に移してください、というスタンスではなく、市民生活を考えた上で、これから実行されていく計画に対して、大きな責任感を持ちながら議員としてのチェック機能を果たしていかなければならないと考えています。

19年間という、長い期間での財政健全化計画ですが、この期間を短縮する努力を今後しなければならないのは、ここにいる、みなさまの共通認識であると存じます。しかしながら、市民負担を過度なものにせず、また市民サービスを縮小せずに財政を健全化していき、さらに計画期間の短縮を実現するには、やはり国・府のさらなる支援が重要になります。今後考えられる国・府の支援策をどのように想定しているのか、またそれに対して泉佐野市はどのような働きかけをしているのか、お尋ねします……

……長引く景気低迷の中、これからの市民生活を考える上では、これ以上の痛みを市民の方々に強いるわけにはいきません。しかしながら、先ほど申し上げたように、19年間という財政健全化期間を短くしなければなりません。市民負担を抑えながら財政健全化をしていく、そして期間を短くしていく中では、いろいろと知恵を絞りながらの増収策を考えなければなりません。それについては、どのような見解を持っているのか、お尋ねします……」

と質問しました。行政からの答弁は、国の支援として要望していることが、借金の平準化、低金利の借金の充当、特別交付税の特例措置、国の負担義務がある事業の地方交付税以外の財源措置などでした。また、大阪府の支援として要望していることが、補助制度の創設、特別貸付金での措置、短期借入の無利子貸付制度の創設でした。

「国の負担義務がある事業の地方交付税以外の財源措置」は、全国的な課題で、臨時財政対策債償還費、生活保護費の地方負担などを普通交付税による措置ではなく、別途、確実な財源として制度を設けることを要望していました。全国市長会の意見書・決議で出されても実現されないような長年の難しい課題が、泉佐野市が要望したからといって実現に至るのか、この一つからして、国からの支援を得ることの困難さが明白でしたので、他の要望にも同じように実現性の乏しさを感じました。

また増収策については、関空の全体構想の実現による空港関連税収の底上げ、りんくうタウン、泉佐野丘陵緑地、食品コンビナートへの企業誘致などの答弁がありました。関空の全体構想実現は、国のマターであります。「りんくうタウン・泉佐野丘陵緑地・食品コンビナート」は大阪府所有の土地です。このときの行政の答弁には、市としての主体性が全く感じられませんでした。

話は変わりますが、平成19年に、泉佐野市議会の東定夫議員がご逝去され、会派「自民いちょ

う の会」が、奥野英雄議員のみになりました。そこで、友好会派であった「自由民主党泉佐野市会議員団」に奥野議員が入ることになりました。よって、改選前は3名の会派でしたが、平成22年の泉佐野市議会選挙で奥野議員が引退し、改選後には、またまた鎌野議員と私の2名になっていました。

しかし、平成22年8月から、5月の選挙で初当選した中藤大助議員が加わり、会派名も「自由民主党・新緑会泉佐野市会議員団」となりました。佐野台小学校区を地元とする中藤議員とは、財政健全化計画の「小学校統廃合」問題に対して、統廃合反対の立場で、同一歩調が取れたので、統一会派を結成することになりました。

平成22年12月議会では、大阪府の特別貸付金を最長30年間での償還期間に延長することが認められ、平準化できたことによって、後年度の実質公債費比率が下がり、財政健全化計画を「19年間」から「12年間」に短縮できると報告がありました。しかし、その他の国・大阪府からの支援は期待できそうにもありませんでしたし、連絡橋国有化の補填策として示された2期島の前倒し竣功は、一向に進む気配がありませんでした。

最終的に、私に火をつけたのが、平成23年度の一般会計の当初予算でした。これは実に、年度末には25億円の赤字になるという当初予算が示されてきました。新田谷市長が4月に辞職される前提で、骨格的な編成とした予算にもかかわらず、25億円もの赤字になる予算には、大きな驚きが生じました。

このような当初予算でしたので、平成23年3月議会では、「財源確保の観点から、新たな事業を実施する場合は、赤字額を増大させることなく、基金を取り崩すことなく、新市長には、予算執行の保留と予算の編成替えについての裁量を委ね、できる限り財政状況を悪化させない手段を取ることを求める」と、新市長に対しての付帯決議が可決されていました。

平成22年12月議会で、財政健全化計画の期間を「12年間」に短縮できるとした収支見通しの平成23年度末では「約7億円の赤字」でした。予算ベースではありましたが、「25億円の赤字」がいきなり出てきましたので、「この乖離は、一体どういうことだ?」と、私にとって、最後になった平成23年3月議会の一般質問で問い質しました。

収支見通しが大きくずれている理由として挙げてきたのが、制度改正による社会保障費の伸び、確実性のない計画項目は盛り込んでいない、年度末に約5億円の不用額が出るので乖離は縮まる、の3点でした。収支見通しは決算ベースでしたので、不用額で乖離が縮まったとしても、約20億円の赤字になり、収支見通しからすれば、約13億円赤字額が増加しています。

また財政健全化計画に盛り込んではいるものの、確実性が低いもの、例えば、関空連絡橋の国有化に伴う支援策などは予算に収入として盛り込んでいないと答弁がありました。大阪府の支援も盛り込まれていません。地方公務員ですから、確実性の低い項目を盛り込まない気持ちはわかります。

だからと言って、確実性の低い項目を、仮に実現に移すことができなかったとしたら、「確実性の高いところから取る」のがお決まりのパターンで、その確実性の高いものが、それまでは「市民負担」でありました。このときも、さらなる市民負担で乖離分を補っていくのだけは何としてでも回避しなければならないと考えました。

「財政健全化計画は、捕らぬタヌキの皮算用、絵に描いた餅の話ばかりで、確実性の低い項目が多く、平成22年12月時点の収支見通しと、わずか3か月で大きく乖離している。それなら職員人件費部分にもきちんとメスを入れて、財政健全化計画を見直していく必要があるのでは？」

と、財政健全化計画には大きく組み込まれていなかった人件費部分について質問をしました。新田谷市長からは、

「給料のカットを大幅にするときは、一定の期間で必ず改善できるという担保がないと難しい。健全化計画期間の12年間も給料カットの状態が続くのはとても厳しいと考える」

とありました。また全職員の給料を1％カットすれば、約4600万円になるとの答弁も総務部長からありましたので、

「誰が市長になるかはわからないが、仮に、市長任期の4年間で、財政健全化団体から抜け出す、その代わり、職員には厳しいかもしれないが、財源不足を補うだけの職員給料カットをお願いする。1％で約4600万円、20％なら約9億2000万円、まだ年度末の13億円の赤字にも届かないが、それぐらい新しい市長は、腹を括《くく》っておこなう必要がある」

政治生命をかけて財政健全化計画を短縮し、任期の4年以内で脱却するので、職員には厳しいが、収支見通しの乖離分などのマイナス要因は、職員給料カットで補うしかないと考えました。そして、

ここから第1章の話へとつながっていくのでした。

職員基本条例の制定

泉佐野市の職員給料を「8～13％」カットし、期間を平成24年3月末から平成27年3月末まで、3年間延長する議案を平成23年12月議会に上程し、可決されました。

職員給料をカットする一方で、職員の仕事に対するモチベーションの問題もありますので、「頑張る職員」には、勤勉手当等で給与に反映する能力給導入の実施を選挙のマニフェストで示していました。

「能力給」の導入にあたって、また公務員改革を進める中で、参考としたのが、大阪府、大阪市の「職員基本条例」でした。職員の人事評価を「絶対評価」ではなく「相対評価」とする「職員基本条例」の制定に取り掛かりました。

それまでも、泉佐野市には人事評価がありましたが、それは他の職員との比較を考慮せず、その職員の勤務実績そのもので評価する「絶対評価」であり、しかも自己申告制でした。泉佐野市は「人事評価」を導入する際に取り入れたのが、この「絶対評価」でしたが、ほとんどの職員が、「高止まり」、一番上位の区分に入ってくる結果になっていました。

「職員基本条例」でポイントとなるのが、「相対評価」の導入でした。第1区分から第5区分までの5段階とし、第1区分0～5％、第2区分20～25％、第3区分65％、第4区分5～10％、第5区分0～5％の職員分布としました。それまでの自己評価、自己申告ではなく、客観性を確保する「相対評価」を用いながら、それぞれの区分に全職員が分けられる評価にしました。

そして、この評価結果は、任用や給料に適正に反映するとともに、管理職手当、昇給および勤勉手当に反映させる制度にしました。もちろん、評価する側は、基準に基づき、公正かつ厳正に評価をおこなうための規定、そして研修などを設けました。

また「分限処分」についても明確に定めました。勤務実績の不良、適正を欠く職員で、指導等の必要な措置を講じても、その職員が改善する見込みがない場合、適格性などを総合的に判断した上で「降任または免職処分について決定する」ことを規定しました。「職務命令違反」が積み重なったら免職する規定も設けています。

平成24年3月議会で、「施政に関する基本方針」の中に、「職員基本条例の制定」を盛り込み、6月には条例の内容を公表し、9月議会には、「職員基本条例」の骨子を泉佐野市議会に示しました。

そして、平成24年12月議会に、「職員基本条例」の議案を上程しました。反対派の議員からは、

「職場の人間関係がギスギスする。告げ口で人の足を引っ張るようなことが出てくる」

「公平な評価ができるのか？」

「2年連続して最低区分なら分限免職できる規定を設けている。分限免職するために設けた条例だ」

という意見が出されました。当時、財政健全化団体であった泉佐野市では、他の自治体より、職員が職務に精励し、能力を発揮できる環境がのぞまれていました。しかし、反対派の議員は、マイナス面だけを取り上げて、「分限免職するための条例」と決めつけてきました。

一方で、賛成派の議員からは、

「一生懸命頑張っている職員とそうでない職員が同じ給料をもらうのはおかしい。やっぱり頑張っている職員は評価されるべき」

「職員基本条例では、職員が守られている部分もある。マイナス面だけを取り上げないで、プラスのところをもっと強調すべき」

「社会通念上、当たり前のことを明文化しただけ。しっかり仕事ができて、市民から信頼される公務員になってほしい」

地方公務員には、当たり前のことが出来ていない、出来ていたとしてもまだまだ物足りない、不十分だ、公務員の世界は生ぬるい、などの厳しい感情が寄せられることもあります。当然のことを、当たり前にあらためていくことが、すんなりと受け入れられないことが公務員には多くあると思います。公務員は身分ではなく職業であり、全体の奉仕者であります。そのことをあらかじめ厳格な基準を設けることで、職員全てが深く自覚して、普段からの業務に対して、緊張感をもって遂行することが求められています。またそのことが不祥事等の未然防止につながるとも考えます。「職員基本条例」は賛成多数で可決されました。

「職員基本条例」が施行されたことに基づき、泉佐野市では、半年ごとに部長級、課長級、課長代理級、係長級、主任・係員から1名ずつ合計5名を選んで、職員表彰をおこなうとともに、その優秀職員へ10万円を贈る制度を導入しました。以前は、現金10万円を贈っていましたが、地域ポイント「さのぽ」が誕生してからは、10万ポイント（10万円分）を贈っています。

また、職員基本条例の「相対評価」は、管理職手当にも反映しています。第5区分、第4区分の部長級の管理職手当は「8万円」、第3区分は「7万円」、第2区分、第1区分は「6万円」と、「相対評価」によって、半年ごとに管理職手当が変動する制度を設けています。

ちなみに課長級では、第5区分・第4区分で「5万5000円」、第3区分で「5万円」、第2区分・第1区分で「4万5000円」、課長代理級では、第5区分・第4区分で「4万円」、第3区分で「3万5000円」、第2区分・第1区分で「3万円」と、「相対評価」による段階的な管理職手当としています。

平成24年12月議会には、職員基本条例のほかに、「特殊勤務手当の廃止」の条例も上程しました。危険、不快、不健康、困難などの勤務をした職員には「特殊勤務手当」を支給していました。平成23年度では、合計で約950万円が支給されていました。

「特殊勤務手当」には税務手当、国民保険業務手当、滞納処分手当、清掃消毒作業手当、危険作業手当などがあり、数多くある業務の中で、なぜ税務だけなのか、なぜ国保だけなのか、という不均衡が生じていたため、平成25年度から廃止するために上程しました。審査された総務産業委員会

では、

「こんな手当が、まだ存在したのかという感じ。当然の仕事をしているだけなのに、なぜ手当が支給されるのか。もっと早く廃止しておけばよかったと思う」

という意見が出されました。

また時間外勤務手当の見直しもおこないました。これは退職手当債を発行するために、大阪府から是正が必要だと指摘された事項でありました。年末年始の休日の時間外勤務手当の割増率１００分の１５０を１００分の１３５に改正する見直しでした。

職員基本条例、特殊勤務手当、時間外勤務手当の３項目で、12月議会が始まる前に泉佐野市職員労働組合（以下：市職労）に対して、団体交渉の申入れをおこないました。

確定交渉を副市長以下で4回おこなったのちに、市職労へ３項目についての団体交渉の申し入れをおこないましたが、市職労からは、主旨の具体的な説明がないから、申入れを受け付けないと、団体交渉に至ることができませんでした。市職労は、団体交渉には応じない姿勢を続けていましたが、一方で、団体交渉をしない市当局は不誠実であると、平成24年12月19日（水）に大阪府労働委員会（以下：府労委）へ「あっせん申請」をおこないました。

市職労は、泉佐野市公平委員会へ給料減額の措置要求をおこない棄却されましたが、これ以降は、府労委、東京にある中央労働委員会（以下：中労委）、そして、司法の場での争いになっていくのでした。

府労委からの「あっせん」を泉佐野市が拒否すると、市職労は、府労委に「職員基本条例の制定」、「特殊勤務手当の廃止」、「時間外勤務手当の見直し」、「退職手当国基準への見直し」、「平成25年度分の組合事務所使用料減免不承認」、「夏季休暇5日への見直し」の6件で、不当労働行為救済命令申し立てをおこないました。

平成27年1月13日（水）に、これら6件に対して、十分な団体交渉がおこなわれなかったと府労委から「不当労働行為」とされました。これに不服として、平成27年1月26日（火）、臨時議会にて、中労委への再審査申し立ての議案を賛成多数で議決していただきました。

「平成26年度分の組合事務所使用料減免不承認」も、平成27年5月21日（木）に府労委から「不当労働行為」とされました。これも平成27年5月29日（金）、臨時議会にて、中労委への再審査申し立ての議案を賛成多数で議決していただきました。

平成27年7月28日（水）付けで、「組合費チェック・オフ手数料の徴収」が府労委から「不当労働行為」とされました。行財政改革の一環として、職員給料から組合費を天引きして組合の口座に送金するチェック・オフに組合費の３％の手数料を徴収することとしました。これは、組合費だけではなく、労働金庫への積立金、借入金の支払い、新聞代、駐車場代、部課長会費等、これまで無償としていた、チェック・オフ全体の見直しをおこなったものでありました。

あわせて手数料を支払わなければ、チェック・オフを中止するとしました。このことに対して、市職労から団体交渉の申入れがありましたが、管理運営事項の一つであるチェック・オフは、団体交渉の対象にはならないので、申入れを受付けませんでした。それが「チェック・オフを中止したことが支配介入であり、また団体交渉申入れに応じなかったことが団体交渉拒否にあたり、不当労働行為である」とされました。

本来ならば、中労委へ再審査の申し立てをおこなう場面でしたが、中労委の命令に、さらに不服があるときは、東京地方裁判所で中労委を相手に提訴しなければなりません。よって、そもそも、泉佐野市に対して、不当な「不当労働行為の認定」を続けてきた府労委が、係争に至った段階では、係争の相手方ではなくなってしまうのでした。無責任極まりない、不当な「不当労働行為の認定」を泉佐野市に対して、続けてきた諸悪の根源は、府労委にありました。

顧問弁護士は消極的でしたが、このときは中労委への再審査申し立てではなく、泉佐野市に対して不当な「不当労働行為の認定」を続けてきた府労委を「法令適用の誤りや裁量の逸脱がある」として、大阪地方裁判所（以下：大阪地裁）に提訴することにしました。この提訴に際しても、議会の議決が必要でしたので、平成27年8月10日（月）に臨時議会を開催していただきました。某政党議員からは、府労委からの不当労働行為の認定をもって、

「市の完敗ともいえる命令が出ている中、勝ち目のない争いを続けることは、到底市民が許さない」

「中労委への再審査申し立てと、今回の訴訟に賛成する議員は、公金支出に関する住民監査請求の対象となる可能性がある」

また革新系議員からは、「府労委が憲法と労働組合法、労働基準法に基づいて、非常に立派な命令を出したもので、裁判しても勝てる見込みはない。余計な時間と税金を使うだけ」などの反対討論がありました。提訴に反対した議員からは、「勝ち目のない」、「勝てる見込みのない」と批判されましたが、結果として、この提訴から潮目が変わることになりました。

4回の口頭弁論を経て、判決言い渡しまで、時間を要し、その間、市職労ビラでは「労働問題に、すでに約600万円の税金を投入」、「市民の税金を使いながら、労使紛争を拡大させている」などの批判が続きました。

大阪地裁の判決は、平成28年5月18日（水）に言い渡されました。この判決で、「チェック・オフの中止には、合理的理由はなく、団体交渉拒否にも正当な理由がない」と言い渡されました。しかしこれは、労働組合法が適用される現業職員のみ、府労委の命令が適用されるとし、労働組合法が適用されない非現業職員、地方公務員法が適用される職員については、府労委の命令を取り消しするという判決でした。

市職労は、一般職員160人、現業職員29人（当時）で構成される混合組合でしたので、大多数の一般職員に対する府労委の命令が取り消される判決になりました。これに対し、市職労は「市長が司法から断罪されたことは明らかである」と声明を出したものの、府労委にとっては、痛手な判決になったと思います。

「労働委員会は地方公務員法適用職員に救済命令を出すことはできない」とする、当たり前の判決でありましたが、「地方公務員法適用職員」と「労働組合法が適用される職員」を一緒にして「不当労働行為の認定」をしてしまった府労委にとっては、面目丸つぶれの判決になりました。

「泉佐野市のチェック・オフの中止は、労働組合法が適用される職員には、不当労働行為。しかし大半の職員は、救済命令を求める資格がない立場の地方公務員。それを府労委が、一緒にして、全ての職員を救済命令の対象としたのは間違った判断でした」という内容でした。

泉佐野市は、この地裁判決に従い、現業職員にはチェック・オフを再開し、労働組合法が適用されない一般職員には、手数料の徴収がない限り、チェック・オフはしないとする方向でいました。しかし、平成28年6月1日付けで、なんと府労委が、大阪地裁判決を不服として、大阪高等裁判所（以下：大阪高裁）に控訴をし、泉佐野市もそれを受けて控訴することになりました。

一方で、府労委からは、中期財政計画に基づく、平成27年4月からの職員給料カットまでも不当労働行為と認定されました。「給与条例主義のもとでは、市長が一方的に強行しても、それを議会が承認すれば、悪法も法となり覆すことが困難」と職員団体側の弁護士団体さえ、このように言明していたにもかかわらず、職員給料カットまで不当労働行為と認定してきた府労委は、このころ「やけくそ」になっていたのでしょうか。これに関しては、6月議会の追加議案として上程し、平成28年6月29日（水）の本会議で、大阪地裁に提訴する議案の承認をいただきました。

チェック・オフに関しては、平成28年10月13日（木）に、大阪高裁で第1回控訴審がおこなわれ、結審し、平成28年12月22日（木）に判決が言い渡されることになりました。

その直前の12月12日（月）には、泉佐野市が中労委に再審査請求した6件のうち3件についてが、「不当労働行為」とされました。しかしながら、このころには、中労委の判断よりも、大阪高裁がどのような判決を出すかに注目が集まっていました。もちろん、中労委の不当労働行為の認定に関しても、平成28年12月21日（水）に追加議案として上程し、東京地方裁判所に提訴する議案の承認をいただきました。

平成28年12月22日（木）の大阪高裁判決は、「地方公務員法適用職員は、労働委員会への申立人適格がなく（地裁判決では申立人適格あり）、救済命令の対象は、労働組合法適用職員のみ、府労委が振替手数料相当額の支払を命じたのは、民事訴訟に求めるものであって、労働委員会の裁量を超える違法なものである」という、府労委にとっては、大阪地裁判決より、さらに厳しい判決内容となりました。

府労委と市職労は、この大阪高裁判決を不服として、最高裁判所へ上告受理申請をおこないました。しかし、この大阪高裁判決の後に、「中期財政計画に基づく職員給料4％カット」に関する大阪地裁において、裁判長から「和解」が提案されました。

「千代松市長は、組合に謝罪することがイヤだ、という程度のことで府労委命令を受けていないのではないか」と、市職労ビラでの批判がありましたが、大阪地裁判決を受け入れることは、労働組合法適用の職員（現業支部）への謝罪が命じられていましたので、もちろん謝罪するとした上で、大阪地裁判決を受入れる方向でした。

大阪地裁判決でさえ、受け入れるつもりであった泉佐野市は、府労委と市職労が上告受理申請しましたが、最高裁で争うつもりは毛頭ありませんでした。よって、裁判長からの「和解」の提案に応じることにしました。

平成29年２月28日（火）、３月16日（木）、４月21日（金）、５月19日（金）と４回に渡って、和解に向けた協議をおこない、裁判長から５月29日付けで「和解合意書」が出されました。

そして、平成29年６月23日（金）、大阪地裁におきまして、泉佐野市と市職労、市職労現業支部との和解が成立しました。和解内容は、「全組合員へのチェック・オフの再開」、「組合事務所使用料の全額免除」、「団体交渉の申し入れに対し、合意達成の可能性を模索する姿勢をもって、資料を可能な限り提示して説明すること」、「不当労働行為をおこなわない旨の誓約」、「泉佐野市の訴えの取り下げ」、そして「府労委、中労委による救済命令を職員団体側が求めない」でした。

これをもって、市職労は「全面勝利と言える和解」と声明を出しました。しかし、府労委で、不当労働行為と認定されていたのは、「職員基本条例の制定」、「退職手当の見直し」、「特殊勤務手当の廃止」、「超過勤務手当の見直し」、「平成23年人事院勧告の実施」、「夏季休暇５日への見直し」、「組合事務所使用料減免不承認」、「チェック・オフ手数料の徴収と中止」、そして中期財政計画に基づく給与４％カット」でしたので、「チェック・オフの再開」と「組合事務所使用料を減免」すれば、それら以外の救済命令を求めないという、市側にすれば十分納得のいくものでした。

市職労現業支部は、このとき和解に応じましたが、本来なら、現業支部だけで言えば、全面勝訴の判決内容でした。しかし市職労ビラで「大阪地裁、大阪高裁の判決は、法適用により組合員を分断する判決」と批判していたように、法適用の違いが明確になる判決を恐れた職員団体側のメンツを重視して、矛を収めざるをえなかったのでしょうか。

府労委、中労委、司法の場で争われた、これら事件は、最終的に「和解」というかたちで決着しました。これら事件に対して、泉佐野市から顧問弁護士の事務所に支払った委託料は、合計すると約774万円で、財政状況が厳しい泉佐野市にとっては、大きな出費でした。

「市長のメンツのために税金を投入して裁判する」、「裁判で争う労力やお金があるなら住民サービスに活かすべき」と市職労からの批判があり、また反対討論に立った議員からは、「勝ち目のない」、「勝てる見込みのない」争いと言われましたが、最終的には職員団体側のメンツで、和解に至った感が強くあります。

最後に、一言付け加えれば、労働委員会が出す判断は、「労働組合寄り」と言われることがよくあります。私自身が、そのことに対して、どうこう言うつもりはありませんが、司法の場で、不当を通り越して「違法」とまで断罪された、これら事件での府労委の判断は、とても嘆かわしいものがありました。

実はオーソドックスなスタイル

平成22年2月臨時議会で承認された泉佐野市の「財政健全化計画」は、平成21年度から平成39年度まで「19年間」かけて、「財政健全化団体」から脱却していく計画でした。また平成22年12月議会では、平成32年度決算をもって「12年間」で、財政健全化団体から脱却するとし、7年間の計画期間の短縮をおこないました。

市長就任後の平成23年8月に、それをさらに、平成26年度決算をもって、財政健全化団体から脱却する、6年間の計画期間の短縮をおこないました。平成21年度から平成26年度、つまり「6年間」で財政健全化団体から脱却する計画を「実施プラン」として策定しました。

「実施プラン」では、人件費の削減額で13億3400万円、空港連絡橋利用税の導入で13億5000万円、遊休地売却の前倒しで11億9500万円の収入を確保するとしました。

これらの実施とあわせて、市立病院の地方独立行政法人化によって、市立病院への公債費負担の見直しをおこない、実質公債費比率が引き下げられることになり、その効果も含めて、平成23年度から4ヵ年で財政健全化団体からの脱却を図りました。

収入の面で、確実性が高くなかった「空港連絡橋利用税」の導入は、平成24年4月11日（水）に総務大臣が同意しました。そして、平成25年3月30日（土）から徴収を開始し、年間約4億円の増収になりました。臨時的収入ではありましたが、遊休地の売却も着実に進め、収入の確保に努めました。

その他にも泉佐野市は、市税の徴収率が、平成22年度から平成27年度まで、大阪府内で6年連続で第1位でした。「泉佐野市の取り立ては、消費者金融より厳しい」と言われたこともありました。他市も同様に力を入れ、徴収率をかなり伸ばしてきましたので、首位の座こそ明け渡しましたが、それ以降も毎年、「0・数ポイント」ずつではありますが、徴収率を向上させ、ついに令和元年度は99%を超えました。

また平成24年には「未収金管理担当理事」を設置して、滞納債権の縮減にも取り組んできました。未収金の増大と従来の債権管理及び未収金対策が不十分であった反省と、債権管理の基本的な事務処理のルールを明確にするため、平成25年1月1日には「泉佐野市債権管理条例」を施行しました。

そして毎年8月の最後の週を、未収金対策重点週間とする「アタック30」を実施しています。未収金のある30債権を対象に、8月最後の7日間で、未収金回収の目標額を1000万円として、取り組みを強化します。「アタック30」では、元バレーボール日本代表で、泉佐野市スポーツ大使でもある大山加奈さんに、泉佐野市の「一日市長」をお願いして、職員に向けてエールを贈っていただいたこともありました。

泉佐野市では、平成24年度から平成28年度までの5年間で、10億円の未収金圧縮を目標にしていました。「アタック30」をはじめ、様々な債権縮減の取り組みに努め、結果として、10億3400万円の未収金の縮減を達成することができました。

市長就任後、市長車のプリウス（トヨタ）を、全職員の使用可能としました。つまり、市長専用車を廃止しました。しかし誰もが遠慮してなかなか使いませんでした。東日本大震災の被災地視察に、燃費がいいので東北地方まで乗って行き、１か月間、プリウスを使用した職員がいるだけです。

このプリウスには、マグネットの有料広告を前後両サイドのドアに貼っています。１枚／１か月が２５００円で、両サイド２枚１組での申し込みです。前後のドアに、２事業所から広告をいただき、年間12万円の収入になっています。ふるさと納税で多額の寄付をいただくようになっても、市役所全体で税外収入の確保に努めた初心を忘れないように、しっかりと続けています。

平成24年7月から、泉佐野市を視察する他の自治体の議員さんや職員さんから、一人当たり、１０００円を資料代やコピー代、人件費などの実費相当分の負担として徴収しています。市議会からの強い要望で大阪府内の自治体からは徴収していませんが。このように、小さなことも地道にコツコツと積み上げました。

一方で、支出の面では、職員給料の８～13％カット以外にも「職員適正化計画」によって、退職不補充のもと、職員数を削減しました。私が市長に就任した平成23年度末で「７９６人」であった職員数が、消防の広域化などもあり、平成30年度末では「５４１人」まで、２５０人以上の削減となりました。

高度化する社会においては、行政に対するニーズが多岐に渡り、業務内容が複雑化・多様化しています。仕事量が増える、難しくなる一方、職員を削減してきたわけですから、どこかで補う必要がありました。それが「指定管理者制度」や「民間委託」などの「業務のアウトソーシング」でありました。

「指定管理者制度」については、私が市長に就任するまでに、主な公共施設は、すでに指定管理者を導入していましたが、私が就任してからは、平成24年4月1日から「北部市民交流センター」、「南部市民交流センター」、「鶴原共同浴場」、「樫井共同浴場」、平成26年4月1日から「稲倉野外活動センター（平成31年4月に直営に戻す）」に導入しました。

また健全化団体脱却後では、平成27年7月1日から「市営プール」、平成28年4月1日から「中央図書館」、「生涯学習センター」、「歴史館いずみさの」、「佐野公民館」、「長南公民館」、平成29年4月1日から「市営駐輪場」、平成30年4月1日から「北部公民館」、平成31年4月1日から「日根野公民館」、令和2年4月1日から「泉佐野南部公園」に導入しました。

「民間委託」については、業務のマニュアル化を進め、業務内容を精査し、「公務員でなければできない業務」以外は全て委託化を検討しました。平成25年4月1日から「図書館業務」、平成25年8月から「学校給食配膳業務」を民間委託しました。財政健全化団体脱却後には、平成27年4月1日から「留守家庭児童会」、平成27年7月1日から「窓口業務」を民間委託してきました。

また現業職員の職種変換を進め、現業職員業務の委託化を進めました。平成26年4月1日から「家庭ゴミの収集」、平成27年4月1日から「路面清掃業務」、「道路側溝等清掃業務」を民間委託しました。とりわけ「家庭ゴミの収集」は、市内全域の約92％を業務委託していましたが、直営での収集が、まだ約８％残っていました。

ゴミ収集係で14名の正職員がいて、パッカー車1台に3名が乗車する（民間業者は2名の乗車）という非効率な体制で、わずか３５６０世帯（約８％）の家庭ゴミを収集していましたが、完全に民間委託することにしました。

「指定管理者」や「民間委託」の業務のアウトソーシングだけでなく、「広域行政」も職員削減を補う十分な役目を果たしました。平成25年4月1日から、泉佐野市、泉南市、阪南市、熊取町、田尻町、岬町の3市3町で「泉州南消防組合」を設立しました。これにより、泉佐野市の消防職員１３９名が泉州南消防組合へ転籍となりました。

実は、このことが財政健全化指標の「将来負担比率」を大きく引き下げることにつながりました。「将来負担比率」は「将来負担する借金や退職金などの総額から基金の総額を差し引いた」ものを「標準財政規模（税収＋普通交付税）」で割った率です。消防職員１３９名分の退職金が除外されることになりましたので、大きく数値が下がることになりました。

また大阪府では「大阪発地方分権改革ビジョン」を策定し、市町村が地域の実情に応じて、住民に身近なサービスを提供できるように、市町村への権限移譲が進められていました。そして社会福祉法人の設立認可などの福祉部門の事務を大阪府から権限移譲を受けて、共同処理するために、平成25年4月1日から「広域福祉課」を泉佐野市役所内に設置しました。この枠組みは消防組合と同じ、最北の熊取町から最南の岬町までの3市3町です。

さらに同じ枠組みで、平成26年4月1日から「泉州南初期急病センター」も設置しています。令和3年度からは、熊取町の「し尿」を泉佐野市田尻町清掃施設組合で受け入れることも決まっていますし、「ゴミ焼却炉」の建替えは、泉佐野市、熊取町、田尻町の1市2町で進めていく予定です。このように「広域行政」はいろいろな分野に幅広く及んでいます。

その他に、さらなる光熱水費などの経費削減を図るため、「倹約型簡易環境マネジメントシステム：いずみさのオリジナル（略称：ISオリジナル）」を策定しました。東日本大震災、福島第一原発の事故により、全国で原子力発電所が停止されました。関西電力からは、夏場のピーク時の電力使用量15％削減の協力依頼もあり、策定に至りました。

あわせて、私のマニフェストでは「環境ISOの取得」を掲げていました。しかし、それにはかなりの費用と多くの業務量が必要なことから、泉佐野版の簡易な環境システム「ISオリジナル」を構築し、それに伴って、光熱水費などの経費削減に努めました。

取り組みは、「昼休みの事務スペースの消灯」、「各課冷蔵庫の撤去」、「廊下照明の間引き」、「職員のエレベーター使用禁止」、「コピー単価張り出しによる啓発」、「使用済み封筒やファイル等のリユース」、「公用車ではなく公用自転車の積極利用」などに及びました。

「職員のエレベーター使用禁止」がきっかけとなり、今でも私は、4階の市長室まで階段で上がっています。おかげで、趣味のランニングでは「のぼり坂」が得意になりました（笑）。一方で、年に数回、ランニングで足を痛めたときは、エレベーターをやむを得ず使っています（苦笑）。

話は少し変わりますが、東日本大震災による福島第一原発事故の影響で、電力需給がひっ迫し、エネルギー政策についての注目が集まりました。また電気事業法の改正で、民間企業を中心とする特定規模電気事業者（ＰＰＳ）による電力の自由化が増加しました。

泉佐野市では、平成24年度から公立小中学校の屋上スペースを民間企業に有料で貸し出し、太陽光パネルの設置による再生可能エネルギーを活用させる事業をスタートしました。

また、近隣地域での太陽光発電による電力を買い取り、公共施設等への電力供給をおこなうために、民間企業とともに出資して、大阪府内初の自治体ＰＰＳとなる「一般財団法人泉佐野電力」を平成27年1月に設立しました。

そして、平成27年4月から市内公共施設34か所への高圧電力供給を開始しました。平成28年4月からは公共施設への低圧電力供給も開始しています。

このように、再生可能エネルギーの活用は、地球環境への配慮に加え、泉佐野市の収入増や公共施設の電気料金削減につながりました。

ちなみに、泉佐野電力の理事長は、前市長の新田谷修司氏です。令和2年3月には、「街路照明等のＬＥＤ化」のために、泉佐野電力から泉佐野市へ５００万円の寄付をしてくれました。泉佐野電力からの毎年の寄付も大きな収入源となっています。

これらの説明の通り、泉佐野市は「収入の確保」と「支出の削減」の行財政改革における基本的なことを繰り返し、また行政の効率化の観点から「広域行政」や「地方独立行政法人化」などにもしっかりと取り組んだことが功を奏して、「財政健全化団体からの脱却」に至ったのでありました（中には「市の命名権募集」や「犬税の導入を検討」など、エキセントリックなものもありましたが）。

ふるさと納税によって、泉佐野市が「財政健全化団体から脱却できた」と思われている人も多いですが、平成25年度では4604万円と、全体の割合では、まだまだ大きくありませんでした。

「6年間」の実施プランをさらに1年間短縮し、平成25年度決算が平成26年9月議会で認定されたことをもって、泉佐野市は財政健全化団体から脱却しました。

「さらなる市民負担を求めることなく、財政を建て直し、財政健全化団体から市長任期の4年間で脱却する。子育てや教育など、これから必要な事業はしっかり進めていく。そのための財源を今までにないやり方で確保する。そして市役所内の改革を進め、今まで誰もしてこなかった公務員改革をおこなっていく」

支援者にさえ、「そんな魔法みたいな」と言われたことを実現することができました。

財政健全化団体から脱却するための様々な手法を「型破りの自治体経営」と言われたこともありましたが、「収入の確保」と「支出の削減」を繰り返した、実はオーソドックスな手法でした。

財政健全化団体からの卒業

平成26年７月に、泉佐野市が財政健全化団体から脱却する報告のため、総務省を訪問し、当時の自治財政局財務調査課長と面談しました。そのときに、

「泉佐野市さんは、財政健全化団体から卒業するのですね」

と言われました。和歌山県に出向経験のあった課長は、泉佐野市の財政事情にも精通していました。脱却後も、地方債残高の縮減、土地開発公社の健全化、りんくう総合医療センターの経営改善、下水道会計の資金不足解消には、くれぐれも努力するようにと釘を刺されました。

また、大阪府の小河保之副知事（当時）とお会いしたときに、

「財政健全化団体からの卒業、おめでとうございます」

と言われました。財務調査課長、副知事のどちらからも脱却するにあたって、「卒業」と言われたのをよく覚えています。「卒業する」は業界で使われていた言葉なのでしょうか。小河副知事へ、

「おかげさまで、ありがとうございました」

とお礼を言いましたが、小河副知事からは、

「嫌味ですか」

と笑って返されました。財政健全化団体の泉佐野市に対して、大阪府からの支援が少なかったことを小河副知事は自覚されていたのでしょう。「おかげさま」が嫌味に聞こえてしまいました。

財政再生団体となった北海道の夕張市は、再生振替特例債、いわゆる赤字地方債を発行でき、夕張市の322億円にのぼった特例債の利子負担を軽減するために、北海道が「夕張市財政再生支援対策費補助金」を創設しました。その他にも、医療給付事業の夕張市負担分を北海道が代わりに負担し、公営住宅の再編では道営住宅が建設されるなどの支援がありました。

財政健全化団体である泉佐野市の場合は、第三セクター等改革推進債の発行、大阪府の特別貸付金の30年間の償還期間、金利の低い政府系資金の充当などの支援はありましたが、基本的に「自主再建」でありました。

しかしながら、夕張市は「財政再生計画」に計上されているもの以外の事業をおこなうときは、議会の議決のほか、北海道との協議を経て、最終的には総務大臣の同意が必要でした。もちろん同意がなければ実施することはできません。

厳しい財政健全化への道のりでしたが、一方では、国の管轄下におかれることなく、財政健全化団体であっても、小中学校の空調整備や中学校給食の開始など、独自の事業を展開することができました。

職員給料カットのときは、某政党議員から、

「職員給料を削減して計画期間を短縮するぐらいなら、12年間でも19年間でも財政健全化団体であってもいい」

などと言われましたが、財政健全化団体から早期に脱却できたことによって、その後の文化会館

等の「セール・アンド・リースバック方式の導入」に、金融機関のグループ会社が応募してくれました。それによって、キャッシュフローに余裕を持たせることができ、市長2期目に、地方創生関連の事業を積極的に展開できるようになりました。

仮の話ですが、私が就任した当初の「12年間の財政健全化計画」のままで、健全化項目を粛々と進めていれば、ちょうど今年（令和2年度）が財政健全化団体から脱却できる年度になります。国難とも言われる新型コロナウイルス感染症による大変な状況下においては、「長いトンネルを抜けても、まだまだ雪国だった……」と言わなければならなかったかもしれません。自己肯定になりますが、「財政健全化団体からの早期脱却は間違いではなかった」と信じています。

令和2年4月の関空の利用客数は、新型コロナウイルス感染症の影響で、前年同月比97％減の7万2947人、ほとんどが欠航した国際線では、前年度同期比99・7％減少の6689人、ゴールデンウィーク期間中の関空からの出入国者数は、前年同月比99・8％減の2150人と、いずれも開港以来過去最低になりました。12年前のリーマンショック、新型インフルエンザのときより、ひどい景気の落ち込みと言われており、これがいつまで続くか、専門家からは様々な意見が出されています。

しかし、私は思うのです。私たちは、利用客数が3000万人を突破した関空を経験しています。令和元年の関空の利用客数は、約3191万人で、初めて3000万人を超えました。令和2年1月も、関空の利用客数は、前年同月比2％増の約2600万人と、1月では過去最高でした。

10年前は、泣かず飛ばずの状態が続いていた関空に、リーマンショックでの落ち込みで、追い打ちがかかり、閉塞感が拭えないまま、東日本大震災が発生しました。しかし今の私たちは、海外からの人で溢れかえっていた関空を経験しています。また関空の対岸、りんくうタウンについては、年間約1400万人もの人々が訪れる活気がありました。この人数は、テーマパークで世界第5位の入場客を誇る、ユニバーサル・スタジオ・ジャパンと同規模だと言われています。また、ここ数年では、泉佐野市域内には100万人を超える外国人宿泊者数があり、横浜市や神戸市よりも多い水準でした。

明治維新から150年が過ぎましたが、幕末に開港した横浜や神戸は、わずか100年あまりで、小さな漁村から日本を代表する港まちになりました。時代が流れて、ヒト・モノ・カネの動きは、「海」から「空」へシフトしています。関空が開港してから、まだ26年（令和2年現在）です。泉佐野市も市制を施行してから、まだ72年です。

「関空は必ず甦る」

これを心に留めながら、泉佐野市の底力をもって、困難な状況をしっかりと乗り越えていきます。そして、関空が蘇ったとき、「日本一のまち」に向けて、気炎万丈な再スタートが切れるように、泉佐野市の地力を高めておきたいと考えています。

あとがき

「意外とまじめやね」

私の講演が終わったあとに、そのように声をかけられたことがあります。また、「もっと、あらくたい男やと思っていたのに、案外、普通やね」とも言われたことがあります。テレビ等で報道される内容などから、私を「あらくたい」と思われている方が多くおられるみたいですが、直に会ってみると「まじめ」、「普通」という感想をいただきます。「あらくたい」は、大阪、和歌山の言葉で「荒々しい」という意味で使われます。

初めての著書となる『型破りの自治体経営』を読まれていかがだったでしょうか。「案外、普通」、「意外とまじめ」と思っていただけたかもしれません（笑）。

市議会議員に初当選した頃、財政危機が発覚した泉佐野市では、議会の質疑で、財政用語が飛び交いました。その議論に全然ついていけなかった私は、その後、社会人大学院で「地方財政」を４年間学びました。

大阪府立大学経済学研究科経済学博士前期課程の修士論文は「地方交付税について」でした。また和歌山大学大学院経済学研究科経営学修士課程の修士論文は「地方自治体における企業会計的手法」でした。

和歌山大学大学院で知り合った和歌山市職員に紹介してもらい、和歌山市の財政課職員からレク

チャーを受ける機会がありました。財政課職員と真剣に議論をする私を見て、大学院で知り合った職員から、

「意外とやるね」

と言われました。そうなのです。「地方財政」のことは、大学院での勉強と合わせて、泉佐野市議会での実地において、それなりに勉強していたのです（笑）。

しかし、市長に就任して、私が学んできたことは、まだまだ表面上の薄っぺらなものだったと痛感しました。「地方財政」はもちろんのこと、「地方行政」は本当に奥が深く、興味が尽きません。その「地方行政」に対して、たまに、人から「あらくたい」と思われる取り組みも正直ありました（笑）。

本書では、泉佐野市の財政再建への道のりが中心でしたが、書き切れなかった「あらくたい」取り組みがあるのは確かです（笑）。

また、この『型破りの自治体経営』の中でも少し述べましたが、これまで、私はとても多くの方々に支えられて、4回の市議会議員選挙と3回の市長選挙に勝たせてもらいました。そして、令和2年2月6日（木）で政治活動20周年を迎えることができました。心からの感謝を申し上げます。「政治活動20周年」を迎えられたことも、一度執筆してみようと決心した大きなきっかけでした。

最後になりますが、平成30年6月1日（金）に、千代松事務所で支えてくれた泉佐野青年会議所の禰宜田《ねぎた》英治先輩がご逝去されました。もし生きていたら、この本にもいろいろな意見を出してく

れたと思います。そして、この本を読んでもらえないことが、とても残念であります。あらためて禰宜田先輩のご冥福をここにお祈り申し上げます。

参考文献

松浪健四郎『私の肖像画　いろいろありました』産経新聞出版、２０１９年
新田谷修司『大阪から日本を洗濯する』東京回書出版、２０１５年、57・90ページ
新田谷修司「市長通信」第３３７号
泉佐野市労連ニュース「いずみさの」Ｎｏ．９６５６、９６５８、９６６５、９６６８、９７５６、９７５７、９７６１、９９３２、９９３９、９９４７、９９５５、１０２３８、１０２６７、１０２９４、１０２９５、１０３４８、１０３５３、１０３８９、１０３９０、１０４５２、１０４５５、１０４９７
橋下徹『交渉力』ＰＨＰ新書　２０２０年、１３３ページ
「ニュースせんなん」泉南文化ジャーナル社、Ｎｏ．８８５
「広報いずみさの」平成23年６月号
「泉佐野市議会定例会会議録」平成12年９月、平成18年６月、平成22年６月、平成23年３月、平成23年６月、平成23年９月、平成23年12月、平成24年12月、平成27年12月、平成30年３月、令和元年６月
「泉佐野市議会臨時会会議録」平成16年５月、平成18年７月、平成20年５月、平成23年５月
『泉佐野市議会五十年史』１９９８年
増田寛也編著『地方消滅』中公新書、２０１４年、２３０ページ
柏木恵「財政再建への道のり　どん底からどのように抜け出したのか」月刊「地方財務」２０１７年３月号
柏木恵「大阪府泉佐野市　財政健全化団体からの脱却」月刊「地方財務」２０１５年５月号
「日経トレンディ」２００４年11月号
「週刊ダイヤモンド」２０１３年10月26日号
鈴木直道『やらなきゃゼロ！』岩波ジュニア新書、２０１２年、１１２・１４８ページ

型破りの自治体経営

令和２年８月23日　初版発行
令和２年９月４日　第２刷発行

著　者　千代松大耕
発行人　蟹江幹彦
発行所　株式会社　青林堂
〒150-0002　東京都渋谷区渋谷3-7-6
電話　03-5468-7769
装　幀　（有）アニー
印刷所　中央精版印刷株式会社

Printed in Japan

ISBN 978-4-7926-0684-8

子供たちに伝えたい「本当の日本」

神谷宗幣

私たちが知るべき歴史や経済、日本の原動力である和の精神を彼らにどう伝えるかをわかりやすく解説！　若者や子供たちに「日本」という誇りと夢を！

定価1400円（税抜）

日本のチェンジメーカー～龍馬プロジェクトの10年～

神谷宗幣（編）

5人の地方議員から始まった龍馬プロジェクト。日本のチェンジメーカーたちが本書に綴った10年間変わることない気概と矜持！

定価1200円（税抜）

インテリジェンスと保守自由主義

江崎道朗

コロナ対策から安倍政権下で創設された国家安全保障会議そして欧米における近現代史見直しの動向を踏まえながら、インテリジェンスとは何かを問う！

定価1500円（税抜）

日本版　民間防衛

江崎道朗
濱口和久
坂東忠信
富田安紀子（イラスト）

テロ・スパイ工作、戦争、移民問題から予期せぬ地震、異常気象、そして災害！　その時、何が起きるのか？　我々はどうやって身を守る？　各分野のエキスパートが明快に解説。

定価1800円（税抜）